仕事を
任せたくなる人の条件

社長から見た特性と行動

序章

すべきことを堅実に

本書に登場する6人の社長（経営リーダー）は、特別の人ではない。結果が良いだけで評価されているわけでもない。するべきことを堅実に行っているだけだ。彼らは自分一人ではなく、回りの人を巻き込んでいる。そして、当初は拒んでいた人たちに「一緒にやってみてよかった」と言わせている。経営リーダーは、失敗を乗り越えながら、今後どう動くべきかについて仮説を組む。それは、組織を立て直したり動かす時に、無手勝流でとにかく働くというものとは異なるものだ。

どうしての疑問

「この人はどうして仕事を任されないのか、損をしているな」と思う人がいた。回りが羨むほどの知識とスキルがありながら、取り立ててもらえないのだ。反対に、それほどでもないのに、それなりのポジションにつき、役員・社長となる人がいる。この人たちを見比べて、分かったことがある。知識やスキルだけの問題ではない。それでは、人間関係かというと、それだけでもない。しっかりした考え方をもってやるべきことをやれば、結果は自からついてくるという事実だ。

ところが多くの人は、この基本となる考え方とやるべきことが分からないうちに、何とかしなくてはということから、テクニック先行の行動をしている。

その背景には、昨今の経営スキルブームで、ちょっとした目先のことをすれば、人が動いたり、成果が出たり、更には大儲けできるという思いが根底にある。しかし現実は、そうは甘くない。

そんなことでは組織が動かないし、長続きしない。

たとえ小さな会社であっても、組織をつくり、継続的に動かさなければならないのだ。

あの人ならばと思うのは、直観である

経営リーダーの立場にある人は、仕事を任せたのに後味が悪いということを1回や2回は体験している。それは、たまたま目先の結果が良かった人によく見極めないで仕事を任せたためなのだ。

ところが、何回か失敗を繰り返しているうちに、仕事を任せるべき人が分かってくる。

経営者へのインタビューで分かってきたのは、経営リーダーは5つの特性で人を見ているということだ。

あの人に仕事を任せてみようと思うのは、実は直観であり、理屈ではない。この直観の基となっ

ているのが5つの特性だ。

さらに、仕事をやり通すための発言、行動といった立ち振る舞いを分類したところ、13の行動としてまとめることができた。

通常は、リーダーシップ・先見性といわれてきたが、それとは違う。

発言・行動といった立ち振る舞いとして回りの人に通じた時に、初めてこの人ならばとなる。

13の行動をした時（あるいはできるようになった時）に、ようやく回りの人から信頼されるのだ。

読者の皆さんには、13の行動全てを行うというのではなく、意識しながら順序立てて試してもらいたい。そうすることで、経営リーダーから見た時に、仕事を任せてみたくなる人になると考えるからだ。

２０１６年　10月　　平松　陽一

5つの特性　1章

特性1　やり遂げる人と思われる

特性2　忙しく見えない

特性3　誰かから助けられる

特性4　さり気なく指摘できると思われている

特性5　見えない組織の掟が分かる

13の行動（できる）　2章

行動1　組織と自分のその先を特定できる

行動2　人に口を挟まず、自分で仕事ができる

行動3　おせっかいが何気なくできる

行動4　こじつけ（入り口と出口を結び付ける）ができる

行動5　今あるしかけを否定せず活用している

行動6　やさしい言葉に置き換えることができる

行動7　嫌と分かっていてもできる

行動8　左右のバランスが調整できる

行動9　根回しと後回しができる

行動10　気がついたらまだやっている

行動11　組織の見えない掟を変えている

行動12　社長（トップ）の考え方を理解している

行動13　物語の目次ができる

仕事を任せてみたくなる連鎖

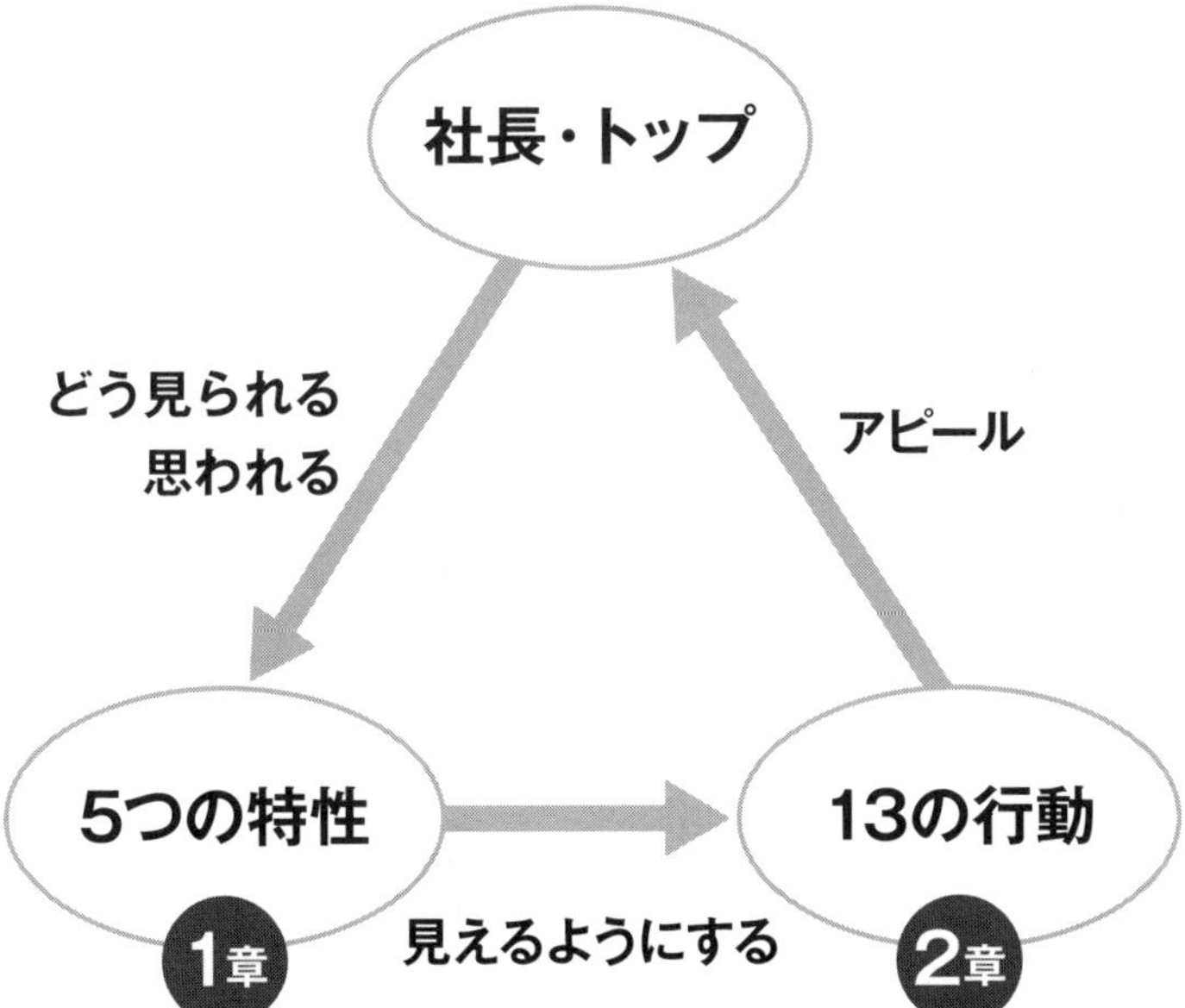

第2章

仕事を任せてみたくなる人の13の行動

第3章

第1章

仕事を任せてみたくなる人に見る5つの特性

特性 1

あの人はやり遂げる人と思われる

やり遂げる人は諦めが悪い

仕事は勝たなければと思い込んでいる人がいるが、そのようなことはない。勝ちもあれば負けもある。

勝ちに近い負けもあれば、負けに近い勝ちもある。だから仕事をやり続けてさえいれば、やがて勝つときが来る。つまりやり遂げる人が勝つ人になるのだ。

新規事業を任せるときに、あの人ならできるという人がいる。これは好き嫌いではない。勘で分かるのだ。

この勘は、「試験の前の山勘」、「試合中の選手指名の勘」に近いものだ。

山勘をかける

実は、試験前日の山勘は、全く勉強をしていない人にはかけられない。学校の授業に時々は出ているという最低条件がある。そして、どこが試験に出るか分からないならば、この辺りが出そうだと教えてくれる友人が必要だ。

さらに、分かりやすく書いたノートを貸してくれる友人がいると申し分ない。

要は、合格すればよいのである。つまり、完璧な満点でなくても、合格すればよいということである。

合格すれば、回りの人が見て、「あいつは何とかやり遂げる人だ」と言うのである。

だから、学校時代に一生懸命勉強して卒業した人よりも、何とか苦労して卒業した人のほうがやり遂げるためのノウハウをもっていることが多い。

学校の秀才は必ずしも社会に出て使い物にならないと言われるのは、このためだ。

ある時、新卒採用応募者の学業の成績が極めて悪く、採用すべきか否か迷ったことがあった。

履歴を見ると、成績は合格点スレスレであった。

ところが、同じクラブ活動を高校から続けていた。本人に質問をすると、そのことには詳しい。迷わず採用を決定した。それは、クラブ活動をやり遂げただけでなく、そのことについては意欲をもっていたからだった。それから20年がたち、現在は営業を統括する部長になっている。

20年前の私たちの思いに応えて、やり遂げてくれたのではないだろうか！

物事をやり遂げる人には、全てがダメということはない。何か取り柄があるはずだ。このような人を探すために、どの組織も一生懸命になっている。

完璧なリーダーはいらない

これから良いリーダーになろうと思うのならば、完璧を求めないことだ。

かつて上司が、新入社員が提出してきた書類に赤ペンで添削しているのを見たことがある。ところが、この新入社員を見ていた他の先輩たちは、

「ろくな社員が入ってこない」、

「レベルが低すぎる」

ということを公然と言っていた。

あれから時がたち、その新入社員は、今では会社の中枢を担って仕事をしている。その時の上司はこの新人は可能性があると思ったのだろう。この上司のような人をやり遂げる人と言うのだ。

そして、その期待に応えた新入社員もやり遂げる人と言われてよい人ではないだろうか。

仕事をやり続ければ身につく

良い仕事をする職人に、「良い技術はどうしたら身につくのですか」と聞いたことがある。

すると、その職人は「良い仕事が絶え間なくあることだよ」と答えた。

これはすごい答えだと思った。何か技術的なことを話すのかと思っていたのに、そうではないのである。

良い仕事とは、良い仕事をやり続けることによってやり遂げられると言うのだ。

企業再建のコンサルティングをしたときのことだ。再建企業の窓口になったのは、若い気の弱そうな総務の担当者であったが、それでも何とかなると判断し、コンサルティングをスタートした。

この企業再建では、まず黒字化にすることが目標であり、この若い担当者では少々心もとないところがあった。

しかし、彼の立場を考えると、短期的に落としどころを見つけ、そこまでは何とか漕ぎ着けることが重要だと考えた。

結局、ほんの少し成果が上がった。それでも、窓口になっている担当者の立場を支えて、自信をつけさせ、先に進むことができた。その後、この担当者を中心に本格的に企業を再建することとなる。

そして、彼は頼られる人となる。

成し遂げるとは続けること

成し遂げるためには続けることが前提となる。

私は多くの経営者と接してきた。その大部分は、あまり業績の思わしくない会社だった。業績が良いのであれば依頼しなくてもよいからだ。

関係した企業で、これはきっと良くなるなと思うのは、やり遂げられる人たちがいることだ。

例えば、「医者が患者に励まされる」とか「社長が社員に励まされる」ことがある。

この励ましている人が、やり遂げる力をもった人だ。

全ての社会システムは、その人が仕事をやり遂げるのを補佐・支援するようにできている。社会システムそのものが仕事をやってくれることなどあり得ない。

技術の進歩により、ある部分は機械がそれに代わってやることができるのは事実だし、今後もそれが進んでいくだろう。

しかし、始める（スタートボタンを押す）、あるいは止める（スイッチを切る）ことは、人以外にはできない。

そこで求められるのは、このスタートボタンを押す行為と切る行為を回りの人があの人ならできると任せて、見守ってくれることなのだ。

特性 2

あの人は忙しく見えない

忙しく見えない人は真面目？

仕事を沢山している人のほうが、そうでない人に比べて忙しく見えない。

これは本当だ。

忙しがっている人を、人は「あの人は真面目だ」と言うが、これは必ずしも正しくない。なぜならば、忙しい忙しいと言っている人のほうが、よくさぼっているからだ。

仕事をやり遂げている人は、それなりの成果を上げているのだから、忙しくないはずがない。よく考えて欲しい。忙しく見えないのである。

この「見えない」というところに、仕事の機微があり、面白さがある。

軽さと忙しさ

30年程前に産業能率大学出版部から『でっかい仕事をやってみないか』という本を出版した。その中に、所ジョージについて、次のような文章がある。

所ジョージというタレントは、非常に軽率な感じがするので、最初はよくある「すぐにブラウン管から消える口」だと思ったのであるが、最近では大変なもてようである。

聞くところによれば、「イージーカルチャー」とは、「所ジョージ的なるもの」という定義がなされるほど、若者の文化に影響を与えているとのことである。

あの私のもった〝軽率な感じ〟というのは、実は彼の大きなトレードマークであったのである。

ところで、感心するのは、テレビで見るときの彼の元気の良さである。ほとんどぶっつけのアドリブでこなしていく力はたいしたものである。台本にきちんと目を通していないという厳しい指摘もあるようだが、そこに彼の計算があるような気もする。

軽いし、着ているものはラフで遊んでいるようであり、とてもでないが仕事をやっている雰囲気ではないが…といった内容だった。

ひょうひょうとした人はできる人

あれから時間が過ぎ、ただ一つの事実は、所ジョージは今も現役であり、そして軽いし、着ているものはラフで遊んでいるようでありと、当時と変わっていない。

さりとて、芸能界の大御所（ドン）という雰囲気でもない。でも、どことなくしっかり仕事はやっている人だろうということは想像がつく。

それを通して、所ジョージは、仕事のできる人なんだと思ってしまうところがある。所ジョージはまさに仕事のできる人なのだ。

別言すれば、ひょうひょうとした人だ。ひょうひょうとしている人は、こだわるところとそうでないところを分けられる人だ。

どうしてもこれをやらないといけないときに、全てを完璧にやろうとはせず、まあできていないものもあるけれど、これでいいと思える人だ。

相手がどうしても受け入れないのであれば、無理して受け入れさせない。それを諦めることも必要だ。これを悩まずできる人である。

そして後腐れがない。要は、仕事の到達点をイメージできる人なのだ。

妥協のない仕事とは

よく妥協のない仕事、絶対妥協をしない人が良いと言われるが、そんな人は見たことがない。

納期どおりに終わったが、品質がイマイチとか、

やっとできたけれど、予定の期日を過ぎてしまったということもある。

それでも、押さえどころを押さえていれば、大事には至らない。

忙しく見えない人は感情がさり気ない。良かった・悪かったを感情に出さないことはないが、あまり極端にぶれない人が多い。これは、何を考えているのか分からないというのとは別のものだ。良かったなら良かったなりに、悪かったなら悪かったなりに、それを現実として受け入れることができる人なのだ。

そういう人と会うと、予想外なことがある。

経営の数値があまりよくないときに、さぞやガッカリしているのではないかと思って会ってみると、軽く「赤字になっちゃいましたね」「こういうこともありますよね」などと、自分に言い聞かすように話すのである。その瞬間、何とも言えない安堵感が生まれてくるのだ。

つまり、多少結果が思わしくなくても、そこから回りの人に次は頑張ろうと言える人なのである。

これは、気持ちの切り換えができる人でもある。

仕事で時間を忘れる

時代の流れに逆らう気はないが、少々労働時間に神経質になってはいないかと思うことがある。

本来仕事とは、楽しいものではないだろうか。

誰でも楽しいことをするときは、時間を忘れてしまうことがある。

経営リーダーの人たちと一緒に仕事をしていると、つい時間を忘れてしまう。

また、高齢（70歳以上）の職人と話していると、「気がつくと夜の1時2時まで仕事をしているんですよ」と言う人がいる。

このようなことは、多かれ少なかれ誰でもあるのではないだろうか。

それではダラダラしてしまうから、時間で区切らなければならないというのは正しい。

しかし、時間で区切ったところで、ここまでが仕事、ここから先は自由時間という区切りは難しいのが現実だ。

打ち上げをつくる

仕事の中に私を持ち込むのは問題があるが、私の中に仕事を持ち込むことにも問題がある。

ではどうすればよいか。よく行うものに、仕事の打ち上げ（食事会）がある。

これは、仕事に一区切りをつけるために行うものだ。

「仕事が受注できた」、

「システムを開発した」、

「職場を変わった」

などの場合に行う。

なぜ行うか考えたことがあるだろうか。

一言で言うならば、区切りをつけるためである。

一区切り＝終わること、

つまり、ゴールである。あと少しでゴールと思うのであれば、人はそこまでは何とか力を出すことができる。

そして、ゴールの瞬間に力を抜くのであるから、外から見るとあの人は仕事に忙しくないように見えるということになるのである。

折りにつけ打ち上げを行い、区切りをつけているなら、仕事を引きずらないから忙しく見えないのである。

特性

3

あの人は誰かから助けられる人

お陰様の意味は

経営リーダーたちがよく使う言葉に、「お陰様」というものがある。

「最近、業績はいかがですか」

「お陰様でここのところ順調です」

といったものだ。

本人が努力して結果が出ているのに、なぜそういうことを言うのだろう。

その人の回りを見ていると、誰かから助けられているという場面がよくある。

株式会社中央住宅（ＰＯＬＵＳ）の創業者中内俊三氏は、バナナのたたき売りからスタートして、大手住宅メーカーを育て上げた人だ。その人が生前次のことを話していた。

「私は、そもそもが住宅屋ではないから、人から助けてもらわなければ仕事がやっていけないんだ」。何回かお会いする中で、「お陰様で」という言葉をよく聞いたのを思い出す。実に人なつこい人柄で、ああして欲しい、こうして欲しいと、できるかできないかは気にせず、素直に自分の欲求を伝えており、ついこちらもそれではやりましょうと返してしまったものだ。

仕事は一人でしていない

著名な彫刻家佐藤健次郎氏が、私が主催していた営業の研究会に継続的に参加していた。毎回参加するので不思議に思い、「どうして参加するのですか」と聞いたことがある。すると、「彫刻家というのは、コツコツ作品を作っていればよいものではないのですよ」「売れて初めて生活ができるんですよ。そのためには、営業活動が必要だし、いろいろな人のお世話にならなくてはならなんですよ。その人たちの評判で決まるものなのですからね」という言葉を覚えている。

それまで私は、芸術家というのは、好きなように好きな作品を作れば売れると誤解していた。この人は、自分が一人で生きているのではなく、人から助けられているということを知っている人なのだと思った。

また、自宅にお誘いを受けたり、作品の下絵を分けていただくこともあった。

人から助けられる人は、自分から働きかけるということもしているし、自分の中に相手を引き込むということもしているのだ。

人から助けられる人は、人に会い、話すことに抵抗のない人で、それを楽しんでいる人だ。極端な言い方をすれば、人に会うことに節操がない人だ。

人たらしの人なのだ。

では、無節操だけでよいかと言うと、そうではない。何かに魅力をもっている。話し方でもよい、人柄でもよい、何となく良いというものがある。

しかしよく見てみると、〝すぐに答える〟〝電話をすれば折り返す〟〝人集めが上手い〟といった行動をとっている人が多い。

どうしてあの人が…

学校を卒業して何年かすると、クラス会の幹事が固定してくるのに気づくだろうか。それは、何となくあの人ならばやってくれるということから、人の消息などがその人に集まるためである。

すると、その人を支える人たちが回りに集まってくる。

それは、あの人がいなくなったらクラス会はできない、大変だという依存心があるためだ。本音で言えば、指名されない限りクラス会の幹事などやりたくない。さりとて、クラス会をやらなくてもよいかとなると、それも寂しい。だったら、やってもらおう。そのためには、あの人の言うことに従おう、連絡を手伝おうということになる。

そして、クラス会の当日、幹事になった人がおそらく「皆さんのお陰で、クラス会を開くことができました」と言うことになる。本当は自分が一番大変だったのに、そのことには触れようともせずに、皆さんのお陰でと言うことになる。

すると、あの人がいなくなったらクラス会はできないという実感から、一体感が生まれることになる。

あの人はすごいと言われる

一体感があれば、回りの人を助けるようになる。

ここで忘れてはならないものがある。それは、できれば一つくらいは他の人よりもほんの少し優れているものをもっていることだ。これがないと、他の人が助けるときの大義名分が立たない。

語学力がすごい、分析ができる、速さは一番、といったものは大切なものだ。

ある時、経理担当から営業に異動し、どうしてよいか分からない人がいた。この人は、経理関係書類の読み方だけは慣れていた。だったら、取引先信用調査の読み方を教えてもらおうということになった。すると、教えた人に借りができ、それを返そうということになる。仮に、その恩恵がないにしろ、それを知っているだけでその人はいつかは使えるという意識をもつようになる（一つぐらいの取り柄はとはこのことを言う）。

そして何よりも忘れてならないのは、報われるということだ。助けた人に何もないというのは困りものだ。「ありがとう」の一言もないのでは助けられない。

紹介営業が増えた理由

最近の営業事情の中で、紹介営業の重要度が増している。それは、インターネットの普及により商品の情報は得られるようになってきたが、

実際に買おうとすると決められない人がいるためである。

とくに購買頻度の少ない住宅・結婚式場といったものは、購入した人に聞いて、大丈夫と言われて初めて買ってみようということになる。だから紹介営業なのだ。

紹介営業で受注できる営業担当者は、「ありがとう」という言葉を何らかのカタチで相手に伝えている。粗品をあげるというレベルのものではない。

その中でも最高のものは、紹介した人に対する

「あの会社を紹介してもらって、本当によかった、助かりました」という言葉だ。

病院の評価サイトが一般的になっている。ただそれを見るだけでは不安ではないだろうか。

実際に「あそこは間違いがない」の一言を誰かに言ってもらい、背中を押してもらうことが必要なのだ。これを忘れてはならない。

特性
4

あの人は〝おかしいこと〟を〝おかしい〟とさり気なく言える人

組織はおかしいもの

社会や組織は「おかしいもの」から成り立っていると言っても過言ではない。

ところが、その社会・組織の中にいると、やがておかしくなっている自分に気づかなくなってしまう。

公的な審議会の委員をしていた時に、最初の頃はいろいろな質問が出たので終了時間が遅くなった。ところが会合が何回か過ぎてくると、質問が出なくなり予定時間よりも早く終わるようになってきた。毎回、案件が違うのであるから討議すべきことは沢山あるのだが、やがて質問が出なくなってきた。そして、終了時間は少しずつ前倒しになってくる。早く帰れるので、やがて快感となっていった。

たまに質問をすると、回りから冷たい目で見られるので、つい発言を控えるようになっていった。以後の審議会は、仲良く進めることができた。それでも何とか充実した審議をしなければという

ことから、

「こういうことが考えられませんか」

「こんなことがあるかもしれません」

と、それとなく指摘をしてみた。すると、不思議に発言が増えてきて満足のいく審議ができるようになった。

自分の関係している組織に問題がない、などということはあり得ない。実は、組織のメンバーは、何らかのカタチで問題は感じている。しかし、言わないでいるのだ。だから、「ここが少しどうかと思うよ」とさり気なく言うと、自分たちと同じ考えだという発言が出てくる。

この場合に、三つのことが重要だ。

一つは、おかしいなと感じること。もう一つは、多分こうすればよいと言うこと。そして、それを正しく主張すること。

まずは、何かおかしいと感じることだ。これは意外と大切だ。

なぜ組織は潰れるか？

ファッション産業は、一見華やかに見えるが、倒産しやすい産業でもある。それも黒字倒産（黒字は出ているが、資金が足りなくなる）が多い。背景は、多くの資金を必要とすることにある。

今冬物が売れているならば、次は春物で、そして夏物となる。業績を拡大していくには、2シーズン先の資金調達ができていなければならない。3シーズン先のものまで手配が求められ、規模が拡大していくと相当な資金量が求められる。

このことを無視していると、資金が詰まり出し、やがて経営が厳しい状況となってしまう。これを感じるかどうかが「勘」どころである。

それには、疑問に思ったことをさり気なく聞いてみることである。それにより、強弱はあるが、おかしいとの確信が得られたり、思い過ごしであったということが分かってくる。そして、どうしたらよいかということは、誰かが答えをもっている。これを聞き出すことである。

さり気なくやってみる

さり気なくとは、決してここが悪いなどと豪語することではない。ある程度の組織規模となると、ストレートに言ったところで通用しない。しかし、組織の本質を指摘することにより、あの人は分かっているということになり、回りが影響を受け、その人の意見を聴くようになる。コンサルティング活動を通して、正論はないということを何回も体験してきた。いくら言ってみたところで、社長・キーマンがその気にならないのなら、組織は動かない。逆に社長・キーマンがその気になっているなら、思った以上に組織は動くものだ。

そこで、時々今の状況はおかしいということを表明しておくことだ。そうすれば、相手の頭に入り、息の長い話かもしれないが、やがてそのことに気づき、動き出すものなのだ。

同化と開示

さり気ない問題提起は、同化（みんなと同じ）作用を引き起こす。こんな経験は、実は誰もがしているはずだ。甲子園の高校野球大会が始まると、地元の高校の試合は意外と気になる。これは、普段それほど気にしなくても、属性が同じだと分かると、何となく親密度が高まる習性を私たちがもっているからだ。

だから、同郷会や同窓会の「同」の付く会は、行けば落ち着く。芸能人が出身校（地）、趣味、好きな色などをやたらとアピールすることにより、それを見た人が「この人、私と同じ趣味」ということから、親密度が高まり、ファンが増える効果もある。

これが自己開示だ。この自己開示は、自分をさらけ出すことになるから、勇気がいる。それでも勇気をもって行うことにより、相手は私もそうだと思い、信頼することにより、仲間を増やし、同化する仲間になるのだ。

組織の中で、「どこかおかしい」と感じるならば、それを開示することにより仲間を増やし、組織を良い方向に仲間たちと導くことができる。

特性 5

あの人は見えない組織の掟（ルール）が分かる人

組織を動かす見えない掟

どこの組織にも、ルール・規則がある。ところが、ルールや規則のとおりに動いている組織にはお目にかかったことがない。それは、組織には見えない暗黙のルールがあるからだ。

これをやろうと決めて実施しようというときに、多分これはできない、これは難しいと思うときがある。それは、やろうと決めても、見えない組織の掟が行く手を阻むことがあるからだ。見えない掟は、感じる以外に気づく方法はない。その感じたことを言葉で言い表すと、

・何となく重い・暗い
・やる気を感じない
・マイナスな意見ばかり出る

といった極めて曖昧な言葉になってしまう。

仮に、職場が暗いなどと言ってしまうと「そんなことはない」とつい反論につながってしまう。

ところが、反論しているほうもなぜ反論しているのかが分からなかったりする。それは、暗黙の見えない掟であるマイナスな意見に従っているだけだからだ。

よく分からない見えない掟への反論だから、反論は感情的になってしまうことになる。

このやり取りをいくらやったところで、結論は出ない。

あるがままに受け入れる

ところが、仕事を任せてみたくなる人は、この見えない掟を読むことができる。

組織の見えない掟が分かる人は、あるがままに今の状況を受け入れているからだ。最初から否定的、肯定的な見方をしないで、あるがままの姿を受け入れているのだ。

それは、自然を受け入れるのに似ている。冬になると、大雪で飛行機が欠航になることがある。このときに、必ずと言ってよいほどに空港カウンターに詰め寄り罵声を浴びせる人がいる。この抗議をしたからといって、一度欠航と決まった飛行機が運航することはまずない。

こういうときに、地元の人は大騒ぎせず引き上げて行く。仕方ないものは仕方ないと諦めることも必要ではないだろうか。

これと同じことが組織にも言える。どんな組織にも、見えない掟がある。

「○○らしい」組織

組織について私たちは、「○○らしい」という表現を使う。

官庁の組織なら、公務員らしい

銀行の組織なら、金融マンらしい

製造業の組織なら、エンジニアらしい

といったものだ。

この「○○らしい」というものは、公の規則ではなく、見えない掟によって大部分は形成される。だから、本来この「○○らしい」は、良いものなのだが、これが組織の足を引っ張ることがある。

- あの人は公務員らしく、決められたことしかしない
- あの人は金融マンらしく、石橋を叩いても渡らない
- あの人はエンジニアらしく、コツコツやるがそれ以上のものはない

こうした発言は、この組織はこのままではまずいということを言っている。仕事を任せてみたくなる人は、実に上手にこれを読む。組織を変えるためには、ルール・規則を変えるだけでは難しい。ルール・規則を変えたところで、見えない掟がそれを台無しにしてしまうからだ。

相互関係で見る

見えない掟が分かる人は、問題を構造的に捉えることができる。言葉を変えるならば、複数ある問題点の相互関係を把握できるのだ。

例えば、「組織のやる気がない」という現象を、単純に「あいつがやる気がない」という原因の追求の仕方では解決は難しい。

見えない組織の掟が分かる人の発言の特徴は、原因を決めつけないところにある。

支店の業績が悪いときに、「支店長が悪い」という単純な発言はしない。支店業績が悪い事実はあるとしても、その理由は、

- リーダーがいないのか
- 反対分子がいるのか
- 古参の社員が動かないのか
- 支店長の上司との関係がスムーズでないのか
- 商品が悪いのか
- 営業担当のスキルが足りないのか
- 顧客が変わったのか
- 支店メンバーが高齢化しているのか

など、挙げたらきりがない。

これをただ一言、

「それを何とかするのが支店長だ」と言い切れるほどに物事は単純ではない。これらの相互関係を捉えることができるかどうかが重要である。問題の構造を分かろうとすることが必要だ。回りの人が分からないのなら、それを分かるように誰かが解説しなければならない。この解説をする人は上司でも部下でもよい。組織の暗黙の見えない掟が分かる人がすべきなのである。

大企業病の本質は、組織の見えない掟を構造的に捉えることができないところにある。したがって、責任逃れに特定の原因を挙げてしまうことには注意すべきだ。

第2章

仕事を任せてみたくなる人の13の行動

行動 1

組織の先と今の自分が特定できる

将来こんな仕事をしていると答えられる

社会で生きていくためには、組織との様々なしがらみがある。だから、その組織がこれからどうなるかを読み込むことが重要だ。

本書の中で、経営リーダーとして取り上げた人たちは、この先組織がどうなるかが分かっている。だから、その組織の中でどんな人が求められるのかも分かっている。

人は自己実現（自分がどうあるべきか）の欲求があると言われている。その自己実現の現状がこうであり、将来こうありたいという姿が特定できるかどうかということである。

これがないと、給料が高い・安いというレベルで終わってしまう。何がどうあるべきか、どうしたいのかをその時々で具体的に描くことだ。

組織のスケッチができる

組織のスケッチができる人は、具体的にこれからどういう部門が必要になるかを言い切っている。例えば、現在の組織で、将来にわたって支店の数がどこに何か所必要となるか想定し、自分がどのポジションが狙えるか、また、どこまでいけるかを考えられる。

少なくとも、部長以上のポジションを狙えるのは、これができる人だ。

自分探しの旅に出ないために

これができないと、就職斡旋会社に踊らされて、自分探しの旅に出てしまうことになりかねない。自分探しの旅が悪いわけではない。しかし旅というのは行き先（目的地）があって成り立つものであり、行き先がないのは単に夢を追っているだけの意味のないものに過ぎない。

自分のその先が分かる人は、夢の部分と現実の部分のバランスが絶妙に良い。

収入の多い経営者を見ていると、このバランスが悪い人がいる。こんなに収入が多いのに、更に収入だけを追う人もいる。会社を大きくして、株式を上場したのに、税金を払いたくない。もっと現金が欲しいということから、入ってはいけない領域に踏み込んでしまうことがあるのは残念だ。

こういう人は、組織と自分の将来が分からない人なのだ。組織や自分の現在だけではなく、その先を特定することが重要だ。

行動
2

人に口をはさまれないで自分の仕事ができる

やってくれで始まる

仕事では、「ここまでやってくれ」という指示が与えられるのと同時に、そのための権限が与えられる。ところが、「ここまでやってくれ」は等しく与えられるのに、権限は人によって違うのが現実だ。

この権限の違いは、回りの人、とくに上司との関係がものを言う。

仕事が目標のあるところまでできているなら、なぜそこまでできたのかを上司や回りの人に明らかにする。逆に、あるレベルまでしかできていないときには、こういうことには手を打ったが、何かが足りない、この足りなかったことを本人が理解していることを上司が分かるようにする。上司は、それが分かっているのなら、引き続きやってもらおうとなる。権限が与えられるのである。

引き受ける条件を出す

上手だなと思う人は、仕事を頼まれると、その仕事に合った人材をそろえるという条件を出して引き受けている。人事異動は、トップの専任事項であると思い込んではいないだろうか。そんなことはない。

中小企業であっても例外ではない。何かの目的で特定の仕事をさせるときには、何とか達成させたいと思うものだ。つまり仕事を指示した時に、何をそろえたらよいかを必ずと言っていいほど上司は部下に聞くものだ。このときに、何も言えないのは困りものだ。瞬時にこうして欲しいという要望が出なくてはならない。

人の仕事に口を出さないのは、任されているということを周りの人が知っていることが前提となる。さりとて、上司は部下を信用して仕事を任せているということはあまり言わない。

ではどうするか、仕事を達成するための前提条件や権限を与えることをしているのだ。このことを周りの人が知っている時に口を出さなくなる。

さらに、ルールで与えられた前提だけでなく、それ以上の前提があると回りの人が認めることにより、仕事を任せ、口を出さなくなるのだ。

ただ気をつけなければならないのは、前提条件が提示できるのは、それが公になる前か、公になってから間もない時でなくてはならない。前提条件が決まってしばらくしてから、今の条件ではできないと言い出したのではもう遅い。できない原因を回りの人のせいにしてしまっていると見えてしまうからだ。こういう人は、今のままで終わる人だと言わざるを得ない。

行動
3
おせっかいが何気なくできる

まずよく気がつく

あの人はよく気がつくと言われる人がいる。この人をよく見ていると、細かいことではなく、他人に対してさり気なく、抜けなく対応できる人だ。これを俗に、おせっかいな人だと言っている。

挨拶で大切なのは、上の人にペコペコするのではなく、若い社員や新入社員にきっちり頭を下げることだ。そもそも上司の人だけに挨拶をするという考え方は、本来のビジネスの考え方の中にはない。

経営者リーダーが売り手と買い手は平等であるという発言をよく言う。これは、ビジネスは本来平等に行わなくてはならないのだから、媚びへつらって行うべきではないということだ。

だから、この発言をする経営者は、相手が営業担当者であっても、高飛車に出ることはない。これが抜け目ない人なのだ。こういう人は、全体に気を配ることができる。

私たちは無意識のうちに、人を順位づけてしまう傾向がある。分け隔てなく付き合えと言いながらも、現実はできないものである。

味方を作る

機械商社の営業担当者は、上司から会社を訪問したら必ずキーマンに会えと指示を受けている。ある営業担当者が中小企業を訪問した時のことだ。会社に入って行きキーマンの社長がいないと気づくと、そそくさとその会社を出てきた。聞いてみると、社長がいないので出てきたと言う。経理の責任者は奥さんじゃないの？　と聞いたところ、「そうですよ」と一言。

これでは営業活動が成立しないと誰もが気がつくのではないだろうか。なぜか中小企業では、財布の紐を握っているのは経理をしている夫人であることが多い。

要は、この夫人がノーと言わなければ買ってくれるはずだ。そのためには、夫人におせっかいと思われても、話しかけてみることなのだ。

キーマンだけに媚びを売っても、商品は売れない。

お客様はプレゼンテーションの善し悪しで購買を決めていると思われているが、そうではない。多くの場合は、プレゼンテーションの前には決めている。要するに、プレゼンテーションは儀式なのだ。

それまでの手の出し方（おせっかい）で決まっていることに気がつかなければならない。

だから、キーマンが購買決定をする前に、経理を取り仕切っている夫人を味方につけなければ勝利は得られないのである。このおせっかい、人たらしな行為というのは、多くの人がやろうと思って出来ない。それは、本質的に相手のことを思い慕うことができることが前提にあるからだ。

そしてそれは、常日頃から相手を思うことにより、その境目がなくなり、仕事が渾然一体となることにある。

おせっかいは表裏なく

おせっかいとは、何か気がついたことを話してみる、やってみるということだ。損得勘定をもつなと言っても難しいことだから、もってもいいから、おせっかいをやってみる。

おせっかいは、付加価値と言ってもいい。

お客様のグラスの水が減っているから水を入れるのではない。この人は喉が渇いていると思うからそうするのではないだろうか。これが、おせっかいだ!

おせっかいは、社内でもやってみることだ。人によっては、うるさい、ごますりだと言うかもしれない。しかし、黙っているよりもやってみることが大切であり、それにより面倒見が良い「人たらしの人」となる。

これを裏表なくやってみることが重要なのだ。

行動 4

こじつけ（入口と出口を結びつける）ができる

こじつけ＝入口と出口＝出来事と結果を結びつける

仕事を任せてみたくなる人は、こじつけをして何とかやりとげてしまう人だ。強制的発想により、入口と出口（出来事と結果）を結びつけられる人だ。

この人の発想を後からふり返ってみると、整然と入口と出口を結びつけているようで、全く辻褄が合っていなくてもこじつけていることが多い。

それでもやり遂げてしまうのだ。不思議なものだ。

機械関係の商社でこんなことがあった。

市場に自社の機械を普及させたので、営業担当は市場が飽和してもう売れないという。それでも売れというのは少々理不尽ではないかということになった。しかし、それでは会社が潰れてしまう。

それでも売ってくれ

そこで社長が若い管理者を抜擢し、もっと売上を上げたいので頑張ってくれと話した。するとと若い管理者が「売上を上げればいいんですね」と返事をすると、「そうだ」と社長は答えた。買うべきところは買ってしまったのだから、今までの延長で更に業績を伸ばす事は難しいと、この若い管理者は考えたのだ。

そこで、これまでに販売した機械にこじつけて売れるものはないかとお客様に聞いてみた。すると、機械は使っていると壊れるので修理を修理屋に頼んでいるという事だった。だったら、壊れた機械の修理をすれば何とかなるのではないかとメンテナンス部隊を結成し、そして新しい機械を売っていた営業担当者にはメンテナンス受注活動をするようにと指示した。

ところが、これまで新しい機械を売る事に慣れた営業担当には、到底受け入れられるものではなかった

そこでこの若い管理者は売る気の弱い社員を前に言った。「売れるものがないからメンテナンスを売るではなく、メンテナンスすれば、その先に新しい機械が売れる。」

しばらく営業を進めてみると、メンテナンスは少額であることから、お客様も壊れて捨てるよりはよいだろうと注文が取れるようになったのだ。そして、このメンテナンスを繰り返している内に、これ以上修理をして直らない機械や修理が頻繁になりメンテナンス料金が高額になってしまう機械

が発生したのである。これをお客様話してみると、それでは新しい機械に買い換えしようという返事が出てきたのだ。

すると、不思議なものでこれまでのように無理して機械の売上をあげようと努力をしなくても、売上があがるようになってきたのだ。

この場合「入口には機械の普及させた」「出口は、それでも売れる」となる。

勇気を持ってこじつける

やがて会社の売上はメンテナンスが多くを占めるようになり、その会社はメンテナンス会社に変貌する事となる。これと同じような現象が日本の社会の中で起こっている。

市場が飽和、減少していく中で、これまでのような成長は期待ができない。そこで多くの会社では営業に圧力をかけて売ろうとしているが、やはりなかなか売れない。そうした一方で、古くなったものを直して使おう考えるのは人の常だ。

日本の人口が減少すれば、それに伴い市場も縮小する。それでも業績は維持しなければならない。そのためには他人から見たら整然としているこじつけができる人が重要なのだ。

こじつけは一見無謀なようにも思える。しかし、その無謀なことをやってのける人材に仕事は任せてみたくなるものなのだ。

行動 5

今ある〝しかけ〟を否定せず活用している

職人らしさと職人根性の違い

ある老舗の会長は、「職人らしさはよい」が、「職人根性は困る」と言う。

職人らしさとは、一つの仕事を極めようとして一途に行うことであり、それができる人である。

一方、職人根性とは、職人とはかくあるべきだという殻に籠もってしまい、そこから出てこようとしないことだ。この職人根性の人は、他人の意見を聴かない頑固さを、職人気質なのだからそれでよいと思い込んでしまっている。

より素晴らしい職人になるためには、一度でよいから組織に染ってみることが前提となる。たとえば、組織が通信教育などの自己啓発制度や資格制度などの支援をしているのなら、受け入れてみることが必要だ。私には関係ないよと背を向けてしまったり、仲間が一緒にやろうとしているのに、そうしないのでは一流にはなれない。一流の職人になるかならないかは、こんな紙一重の差なのだ。

しかけは楽なものばかりでない

どんな組織にもしかけがある。この組織のしかけを上手に活用してみることだ。

しかし、しかけは楽なものばかりではない。資格取得などは、会社から費用が出ている以上は、試験に受からなければならない。言葉を変えれば、しかけとは飴とムチである。業績連動給を導入している組織で業績不振部門では、「給料が少ない」と泣き言を言っている人に会う。業績が悪ければ給料が少ないのは当たり前のことだ。そんなとき、上司の「うちの部門を黒字にして、給料をもらおうよ」という何気ない一言で、業績が回復することもある。

この場合に、組織のしかけを知っている人は、しかけを活用して組織を変えようとしている。また、しかけが十分でないと判断したときは、仕組みを変えたり、新しく提案したりしている。

今ある組織のしかけは当初のものであり、やがて変化しなければならないものである。だから次のしかけを考えなくてはならない。

これができる人が、部長から上に行く人であり、できない人は今のままの人となるのである。

よく考えてみれば、組織が成長していくためには、楽な楽しいことばかりではありえない。そのしかけを受け入れる度量が一味違う人を作ることになるのだ。

行動6 やさしい言葉に置き換えることができる

ほんの少しの違いで

ある大手メーカーの営業本部長は、はっきり言ってそれほど優秀とは思わない人物だ。

では何が違うか。

言葉が分かりやすい。ほとんど専門用語を使わない。その人の部下に聞くと、動きやすいと言う。考えてみれば、営業本部長という仕事は、部下（他人）に売ってもらわなければ困るポジションにある。だから、部下が聞いて分かりやすい言葉が動きやすいのだ。

企業内スポーツチームを見ていて面白いのは、学生時代の名選手は必ずしも名監督・コーチにはならないということだ。よく聞いてみると、名選手は自分がこうすればこうなると分かっているから、つい説明を雑にしてしまうという。ところが、名選手でなかったコーチや監督は、自分がなぜ名選手・一流選手になれなかったのかを知っているので、この理由を具体的に伝えれば強くなるというのだ。

人を動かすには、このほんの少し足りないところに気づかなければならないのだ。

相手に話させる

ある営業担当者の上司が、今日一日の活動内容を確認し合う場面で心がけているのは、上司よりも部下が話す時間を多くすることだと言う。そしてやがて話している部下が話し疲れたり、言葉が出なくなってくると、「それは要するにこういうことかな」とやさしい言葉で要約して話しかけるという。

この上司は、部下の話を聞いている間に、この人は何が言いたいかを考えて、それを言葉にしているだけですよと言うのだ。

この時までじっと待つことができる上司はすごいと思う。

コンサルティングという仕事をしていると、何かとてつもない問題解決をしているように世間の人は誤解しているのではないかと恐縮することがある。しかし、実際はそんなことはほとんどない。むしろ、相手に話をうながし、聞いているうちに相手がどうするかを自分で話していることが多い。そして、その相手が気づいていない、やろうと思ってもできないことを、具体的にわかりやすく伝えるだけなのだ。

組織の問題は、些細なことで解決できることもあるのだが、それがなかなかできないのが人の真理かもしれない。

分かりやすい言葉で

はっきり言って実務的なコンサルタントはあまり器用でないほうが良い。それは、器用だとこれくらいのことは誰でもできてしまうだろうと、要求レベルが高くなり、組織の人がついて来れないためだ。

多くの組織は、ごく基本的なことができないで苦労しているのだ。これは、大企業も中小企業も関係ない。多くの人が、どうすればよいか薄々気づいている。ただ、それが表現や行動で示せないだけなのだ。だから「そうそう、私の言いたかったのはそういうこと」という共感を引き出せばよい。

分かりやすい言葉は、注意して聞いていれば日頃の会話の中にある。これなら分かるだろうと思っても、社内であまり使わない言葉ではピンとこないのが人の常だ。少なくとも人や組織を動かす仕事をしたいならば、分かりやすい言葉で膝を交えて話してみることだ。

これができる人が組織の上に立つ人であり、そうでない人はその人に従う人なのだ。

行動7

嫌なことを分かっていてもできる

貧乏くじの本質

組織にいると、貧乏くじを引くことがある。

「あれだけはやりたくないよ」という仕事が回ってくる。ただこれをピンチと見るかチャンスと見るかが貧乏くじの本質だろう。

ここ何年かで日本の企業には次のようなことが起こっている。

それは、日本企業は国内の市場だけを相手にしていたのでは、成長はおろか存続さえ難しくなってきているという現実だ。ところが、海外新興国市場は大きなリスクを伴う市場であることは事実だ。

中でも、中国市場はつい何年か前はバブルそのものだった。ところが、落ち込むとなかなかはい上がることができない。

あるメーカーで中国市場が落ち込み、建て直しをしなければならないということが起きた。誰も手を挙げない。そんな時に国内市場の中で優秀な成績を上げている営業担当者に、突然中国に行くように人事異動が出た。全く社内の誰もが想像しなかったことである。この人は、営業一筋であり、外国語は何もできない。ましてや、中国などには行ったこともない。それでも彼は受けることにした。

どうせみんなやらないんだから

その時彼は、「どうせみんなやらないんだから」と考えた。いずれにしろ、中国の市場から撤退するならば、間違いなく組織として大幅なリストラをしなければならない。そうなれば、日本にいても同じなのだからやってみようと思ったのだ。

やがて、彼は中国の人たちと渡り合いながら、業績を何とか持ち直すことができた。

これをみていた役員が彼を国内営業に戻し、総責任者とした。その背景には、国内市場が低迷していることにあった。国内だけの営業をしていた人たちは、海外で実績を挙げた彼に、従わざるを得なくなった。

このやらなければならないものに手をつけられる人が、役員以上になれる人である。それをやりたくないと思い続けている人が今のままで終わる人なのだ。

行動8 左右のバランスが調整できる

いけいけ精神はやがて

あなたの会社の強み、あなたの弱みは何ですか、と聞かれたときに、弱みについても答えられるだろうか。ビジネスマンとしてやっていく上では、強みと弱みのバランスをどう保つかということが重要である。

かつて、バブルの崩壊で企業が人件費を固定的なものから変動的なものにしようとし、人材派遣業界が急成長した。

人材派遣業界には社会のルール違反となるものがあった。そこに度重なる不祥事となり、規制が入るようになった。このときを境に、マネジメント力の弱い派遣会社は市場から撤退することになる。

人材派遣会社の多くは、営業人材を大量に投入すれば何とかなると思い込んだ。そして、計数管理などのマネジメントをおろそかにしたのだ。事実、今日でも人材派遣会社は経理や人事のマネジメント部門は弱い会社が多い。

右手と左手のバランス

ものごとには右手と左手がある。営業力が右手なら、マネジメントは左手だ。このバランスを保っている人が仕事を任せてみたくなる人なのだ。

片方の手ばかりを強くしないことだ。弱いほうの手にも自覚をもつべきだ。

ある広告代理店の業績が悪化した時があった。原因は、プロジェクトマネジャーと言われる人たちに広告を創造する感性はあるが、採算意識が欠乏していて経費を使いすぎていることにあった。ところが、この組織の多くの人たちは、営業力と感性で計数感覚をカバーしようとした。できっこないことだ。そこで、トップの決断により計数を徹底して勉強してもらうことにより、事なきを得ることとなる。

個人でも同じだ。右手と左手のバランスが悪いときは、そのことを自覚し、バランスを取らなければならない。そのためには、弱いほうを強化するか、代替的な手段を探してみることだ。

このバランス感覚のある人が、組織を動かす階段を登ることとなる。

行動9 根回しと後回しができる

後回しができる

正論が通るとは限らないとは、よく言われることだ。そもそも何が正論であるか分からないこともある。

仕事を任せてみたくなる人は、今ここで言っても分からないということを見極めて後回しができる人だ。

これは、親子の関係に似ている。ここでくどくど言ったところで聞かないというときがある。経営も同じだ。今ここでこの人に言わなくてはならないと思うが、相手の反応でこれ以上は聞かないなということがある。そのときは、また別の機会に言葉を変えて言うようにする。その際には「このことは前にも言いましたが」という余計なことは言わないことだ。そんなことは言わなくても相手は知っているからだ。人は、これはという意見は、心のどこかに蓄積する習性があるからだ。

子供に対しても「前に言ったでしょ」から、やがてエスカレートしていくと、「何度も言ってるけど」さらには「何度言ったら分かるんだ」になってしまう。

この「何度言ったら分かるんだ」は、「あなたはダメだ」に通じてしまうことになりかねない。そうならないためには、もう少し先で言うという一歩待つことが大切だ。

根回しと後回し

後回しと同様に大切なのは、根回しだ。

人を誉める時は、直接言われるよりも誰かから遠回しに「部長がすごいと言っていたよ」とか、「部長が、あんなことに気づくとは思わなかったみたい」と言われたほうが効果がある。こちらのパワーをやんわりと高めることができる。この根回しをすることにより、後回しの意味が出てくるのだ。

根回しをしていると、知らないうちに人が従い、上司までそうなってくることが多々ある。

トップ（社長）は、頑固で人の意見を聴かない人が多い。ところが、本当に頑固なのかというと、そうでもない。提案した時でなくても、あとで取り入れることがある。「どうしてそうしたんですか」と聞いてみると、「あいつが言っていたからだよ」と明るく言う。これが根回しだ。そこに気がつく人がやがて役員となるのである。根回し、後回しができることにより、組織を動かす人物へと成長することができる。

行動
10

気がついたらまだやっている

往生際の悪さが大事！

まだやっている、しつこいとは、往生際が悪いということでもある。諦めたらよいと思うのに、気がついたらまだやっているということがある。

あの会社はもうダメだという言葉をよく聞くが、なかなか潰れることはない。会社の中に、しぶとい、往生際の悪い人がいる限り、会社は潰れない。つまりその人たちが、業績向上のために打つ手を見つけ、それをコツコツやっているうちに生き延びてしまうということだ。

諦めの早いことは、組織を動かしている人にとっては必要な時もあるが、程度問題でもある。多くの場合は、良い結果を生まない。それは、組織運営は、経営資源（ヒト・モノ・カネ）から成り立っているためだ。経営資源は、一朝一夕にはそろうものではない。とくに、人材育成は10年以上かかる。仮に外から人を入れたところで、その人だけで組織が動くわけではないし、外部から入ってきた人材を生かすのにもかなりの時間を要することとなる。

V字型回復は？

よくV字型回復などと言って、企業業績が急速に良くなることがあると思い込んでいる節があるが、それは現実の経営の中では難しい。

野球の解説者が、チャンスの場面で「ここは一本ホームランが欲しいところですね」と言うが、聞いているほうは、「それは難しいよな！」と思いながら聞いているのではないだろうか。それよりは、バントでも何でもよいから、塁に出ることだ。とくに、最終回ならばフォアボールでもよい。デッドボールでもよい、なんでもよいというのが本音だろう。これをなりふり構わないと言う。

野球の試合で、一方的な敗けという展開で何となく嫌な雰囲気になっても、あと少しで勝てたと思い込み、明日の試合に結びつける往生際の悪さが、結果として組織を強くする。

組織活動は、スポーツの試合のようなものだと言われる。ところが、組織活動とスポーツの違いは、勝ち負けがはっきりしているかいないかにある。組織活動は、圧倒的に後者だ。だから、諦めないで、もう一度、もっとやってみようとする往生際の悪さが必要なのだ。

組織は部長以上の人材に、これを求めている。それは往生際の悪い人がなにかを成し遂げる人が多いためだ。

行動 11

組織の見えない掟を変える

見えないものを視《み》ている

組織には暗黙の見えない掟がある。よほど頑張らない限り、個々の人は見えない掟に従わざるを得ない。

組織を変えようと思うなら、そして人と共に仕事をしようと思うのならば、見えない掟を変えて従ってもらうことが効果的だし、組織も長続きする。

組織の見えない掟を変えられる人は三つのことをしている。

まず、現状の見えない掟についてどのようなものがあるかを把握する。

これができる人は、組織の外に自分を置き観察している人だ。

たとえば、職場（課・支店など）により出社時間や退社時間は異なるはずだ。それは、組織の見えない掟に従うからだ。仮に9時出社となっていても、ある職場はギリギリ、ある職場は30分前にはそろっている。

次に、どのような会話をしているか。それは、肯定的か否定的かというものだ。

とくに組織の中でよく使う言葉や上からの指示、取り決め事項が徹底しているかを見ることだ。

多数決が変えていく

そして多数決で組織を変えようとするこの人なら仕事を任せてみたいと思わせる人も、組織の見えない掟に従っているのが現実だ。

したがって、もっと早く書類の処理をしなくてはいけないと思うのであれば、あなた自身の処理の仕方をまず変えてみることだ。あなたの書類の処理が早くなってきたのなら、勘の良い人は何か変わったぞと感じるはずだ。

このようなメンバーを増やして理解者を得ていくことが重要だ。

見えない掟を変えるためには、多数決が前提となる。この過程は、時間と手間がかかる。しかし、それを繰り返しているうちに、ある日突然変わってくる。それが組織の見えない掟だ。

それは、オセロゲームと同じように、一気に黒から白に変わる。

これができる人であり部長になれる人だ。

行動
12

社長(トップ)の考えを理解している

社長の言葉の裏は

社長はこうして欲しいというものを、経営方針として組織のメンバーに訴える。

意外だが、組織メンバーに聞いてみると、この社長の言った言葉を言えない人が多い。関心がないのだ。

大切なことは、社長の言葉の背景を理解し、納得できているかということだ。言葉には二つのものがある。一つは、表意で、もう一つは含意だ。

例えば、新商品を売らなければならないという社長の言葉は、表意である。その裏の含意は、既存商品が行き詰まってきたので困っている、今、新商品を売らないと当社はやがて困難に直面するというものだ。これが理解できるかということだ。

仕事を任せてみたくなる人に聞いていると、まるで社長の代理人のよう話すことができる。それは単に文書を朗読しているというものではなく、感情として伝わってくることで分かるのだ。

なぜ社長の言葉が分かるのか？

この人たちは社長の考えていることを理解する前提として、現在の組織が置かれている状況を把握している。具体的には、組織の外と内に分けて、何が起きているかを考えている。

組織の外に対しては、経済環境、業界環境、取引先の動きを整理している。もう一つは、社内で何が問題なのかを把握しているのだ。組織運営がうまくいっていると思われる部門とそうでないところでは、何が違うかということを実によくつかんでいる。

このように整理してみると、社長の言っていることとその含意との関係が分かってくるというのだ。たったこれだけの違いであるが、これができる人とそうでない人とでは、大きな差になるのである。

よく社長の分身などという言葉を使うが、それは単に社長に似た行動をする分身になるということではない。社長がガッカリするのは、自分が言ったことをそのまま部下に言う人を見たときだ。社長の言わんとすることが分かり、その人の言葉に変えて言って欲しいのだ。社長は孤独だとよく言われる。それは、社長が期待する発言や行動をする人が少ないためだ。

良い組織とは、社長と同じ発言や行動をするのではなく、社長が期待している発言・行動をしているものだ。これができる人が、やがてトップになれる人なのだ。

行動
13
物語の目次が作れる

回りの人を巻き込む物語

組織の物語を描くとは、回りをまき込む目次が作れることだ。ただ頑張ろうというレベルではなく、回りの人や関係先を巻き込んだ目次作りができることだ。

一人の力には限界があることは、誰でも知っている。そのために、まわりを味方につけなければならない。よく職位などの権威的なものがなければ、人はついてこないと思い込んでいる節があるが、そうではない。

人を巻き込むには、これから実行しようとすることが自分にだけメリットがあるのではなく、それに関係した全ての人にメリットがあることを事前に理解してもらう必要がある。

ある若い営業担当者が新規開拓先に売ろうとしたところ、その会社の信用度が自社の与信管理枠を下回るものだったという。そこで、あろうことかライバル社に声をかけ、そこを窓口として販売することにした。ライバル社は、リスクもあるが何よりも業績を求めた。この物語化は売り手にとっても買い手にとっても、そして中間に入ったライバルにとっても都合が良かった。何よりも上司を説得できた。つまり、三方（買い手・売り手・競争相手）良しだった。これにより、ライバル社は表面立って価格攻勢をしなくなったのだ。

ライバルは徹底的に叩くことが第一だと思い込んでいる節があるがそれだけではない。お互いの長所と短所を把握して、協調することも考えなくてはならない。

物語化は、自分たちだけのものであっては成り立たない。物語からメリットが見えてくると、よしやってみよう、やってみたいということになる。

デメリットを忘れない

物事には、メリットと同時にデメリットもあることを常に意識しなくてはならない。物語の当初はメリットのほうが出やすいのだが、やがてデメリットが出てくる。

だから、長い物語が必要なのだ。そして、行き詰まったと思うときは、変えるか辞めることをしないと、物語は陳腐化してしまう。そして、組織はその陳腐化した物語に従うことになってしまうことがあるから、注意したいものだ。

事業の縮小や撤退など、一見マイナス面の物語を作ることも否定しないことだ。縮小や撤退はマイナスではあるが、そうすることが組織のメンバーにとってプラスになるのならやってみることだ。

経営の本質は始めることと辞めることの二つにある。この二つの中で、始めることに対しては、人は賞賛する。辞めたところで、よくやったと誉められることはない。そこで、辞めるという物語はどうしても曖昧なものとなってしまう。

組織のメンバーから見て、マイナスのイメージがあるものについては、明るい物語化をすることだ。そのためには、「これをやったらこうなる」とメリットを見える状態にすることが必要だ。

これが目次となり、組織のメンバーは物語を読んでみよう、やってみようと思うのである。

第3章

社長インタビューに見る人材像

低空飛行の日本酒業界に革命を起こす

——桜井　博志　旭酒造(株)会長

1 廃業寸前の酒蔵を立て直す

東京へ販路を求める

世界無形文化遺産にも指定され、今や世界的なブームとなっている和食。その恩恵もあってか、ここ数年、日本酒にも光が差してきた感がある。

しかし現実は決して楽観できる状況にはない。日本酒の販売数量は、1975年をピークとして、以来ほぼ毎年減少している。ところが、純米酒などに代表される特定名称酒が伸びているために、日本酒全体が好調であるかのように見られているのが現状なのだ。

とはいえ、日本酒にムーブメントが来ていることに間違いはない。なかでも強力な牽引役となっているのが、山口県の旭酒造で造られる純米大吟醸酒「獺祭」だ。同社が最初に東京に進出したのは1988年のこと。もちろん、その以前から県外の市場を目指していろいろな手を打ち始めていたのだが、当然のことながら、やはり東京のマーケットがいちばん大きい。その東京に販路を求めるしかない、という決断をせざるを得なかったのである。

旭酒造を率いる桜井博志は、当時をこう振り返る。

「会社のある地域の人口は、当時500人。小学校は全校児童8人ですよ。そういうところに市場があるわけがない。厳しい現実があったんです」

1988年当時は、まだ「獺祭」というブランドではなかったが、手ごたえを得たところで満を持したかのように、1990年に「獺祭」を送り出す。

「獺祭を出したときも、最初から自信があったわけではありません。受け入れられたと実感したのは、5、6年たってからです。その頃には数字も伸びてきて、『かなりいいなぁ』と感じるようになりました」

桜井は大学卒業後、西宮酒造（現日本盛）に入社し、営業として3年半勤めた。そのときの新人研修で2週間だけ酒造りを体験するのだが、父親の死を受けて旭酒造を継いだときは「酒造りに関してはまったくの素人」だったと言う。それが1984年のことであった。

「当時は経営も苦しくて、生き残るためには何をすればいいのかという、その一心でした。純米大吟醸で勝負するとか、酒米を山田錦に統一するとか、すべては生き残るための手段。純米大吟醸に特化したのは、いろいろやっても結局それしか売れなかったから（笑）」

引き継いだ当時は「売上は前年比85%、この10年では3分の1に落ち込み、事実上の倒産状態。廃業寸前」だった。自分の生命保険金で何とかするしかないか、とまで思い詰めたこともあるが、「それも経営者としての人生。それがいやだったら経営者はやっておれんでしょうね」と言って桜井は笑う。

そんな桜井の信念に、「売ることによって相手が幸せにならないとだめ」というものがある。したがって、「どういう酒ならば相手が幸せになれるのか」を考えることが仕事なのだと言う。自分の都合でモノを売り込むやり方はしないし、そういうやり方をする相手には厳しい態度で接する。

これがさらに、「酔うため、売るための酒ではなく、味わう酒を求めて」という信念につながっている。この酒ならば、相手は幸せになれるはずだと思うからだ。

「酒蔵にとって大事なのは、中核をしっかりとつくること。それができないと、ある程度美味しい酒を造っても、商売が上手だったとしても、結局は売れない。もちろん『美味しいかどうか』は大事です。しかしお客様は、もっといえば社会は何をもって『よし』とするのかを見極めなければならない。それをちゃんと提供することこそが企業の発展であり、いわば儲ける秘訣なんです」

朝礼など、ことあるごとに桜井はこの話を社員にもしているそうだ。

「なかにはキョトンとする者もいますが、伝わるかどうかはさておき、やはりこういったことは言い続けていかなくてはいけないと思っています。日頃は何も感じなくても、何かあったときに『ああ、そういうことだったのか』と理解できる場面もあるでしょう。最後の土壇場というときに、少しでも理解している者とそうでない者とでは、突破力が違ってくると思います」

「山田錦」を増やす発想

もうひとつ、酒米（酒造好適米）を「山田錦」に一本化したこともブレイクのきっかけだろう。ここ数年来供給不足と言われてきた「酒米の王者」とも言われる山田錦だが、獺祭を造りはじめた頃は余っている状態だった。

「日本酒業界全体が縮小傾向にあったのだから、当然ですよね。それに、ある意味主流となっていたパック酒などには原価の高い山田錦は使えない。コストを考えると、その3分の1くらいの価格の米でないと市場で勝負できません。ただ、やはり山田錦で造る酒はいいものになる。もちろん、いろいろな米で試してみたのですが、だんだんと山田錦に特化していきました」

ゼロからスタートして、最初の年は山田錦を約400俵（1俵は60kg）仕入れる。ところが、それが徐々に増加していき、2010年を過ぎた頃、仕入れが2万俵を超えたくらいから「旭酒造は邪魔だ」という雰囲気が日本酒の業界内に流れてきたという。

「その当時、山田錦の流通量は全体で30万俵台の前半だったでしょうか。それまでは『余っている米を買ってくれる奇特な酒蔵がある』と重宝がられていたと思います。しかし、山田錦を2万俵余りも使った獺祭が売上を伸ばしているとなると、『ウチもやってみよう』と思うのは道理です。ところが、そのときに肝心の米がない、ということも実際にあったかもしれません。それで『邪魔だ』となったのでしょう」

山田錦が不足したのは、「獺祭」が山田錦を買いすぎるからだ。だから業界の皆が困っている、という図式である。しかし、もとはといえば減反政策の弊害であり、日本酒業界全体が縮小していたため必然的に酒米をつくる農家が減っていたことが主たる原因なのだが……。

ともあれ、桜井が考えた打開策は「それなら、山田錦を増やせばいいじゃないか」という単純明快なものだった。まず、山田錦の主要生産地のひとつである兵庫県に増産を依頼した。しかし、それだけでは難しく、他県にも増産依頼を広げていった。

「山田錦を入手するために、いろいろなところへ頼みに行きました。『山田錦があれば買いますから、つくりませんか。安く買いたたくという話ではない。むしろ今までの米の2倍くらいの値段になりますから』と言って、頭を下げて回ったものです」

酒米をつくってもらうためにも、農家の人にとって無駄な米を生じさせない方策も桜井は考え出した。それが、決してメインの商品にはならない「獺祭　等外」である。山田錦ではあっても等級のつかない等外米は必ず生じる。酒造りには等級米しか使わないため、農家は等外米を「くず米」として処分するしかない。しかしそれを35％まで精米することで、純米大吟醸に使用する等級米とそん色ない品質に仕上げられるのだ。

「こういう発想は社長以外からは出てこないでしょうねえ。社員からもいいアイデアは出てきますが、量と厚みや深みが圧倒的に違います。社長ともなると、寝ても覚めても、それこそトイレに入っても会社のことを考えている。最後の最後、会社が潰れたら首をくくるしかない、という覚悟がありますから（笑）」

2 旧来の酒蔵の常識を打ち破る

素人5人から始まった

獺祭が成功してからは順調だった旭酒造だが、１９９０年代後半に会社の存続をも揺るがすような大失敗を経験する。

1994年の酒税法改正で各地に地ビールが誕生したが、旭酒造も地ビール製造に乗り出したのである。その背景には、酒造りを担う杜氏や蔵人の確保が年々難しくなっていたため、製造部門の社員を雇用したことにある。つまり、通年で人件費がかかることになり、夏場にも何か生産する必要が生じてきたのだ。

そのための地ビールだったが、地ビールレストランの経営が認可の条件だった。その経営が失敗の元凶となる。売上が2億円の当時、2億4000万円もの過剰投資で1999年に開業するも、3カ月で撤退。雇ったコンサルタントにも問題があったのだが、売上と差し引いても1億9000万円もの持ち出しになってしまったのである。

しかしこの大失敗は、貴重な勉強であり会社が発展する契機にもなった、と桜井は述懐する。

「私自身、60％の確率で倒産すると思いましたね。何とか5年先までの資金繰り計画を立てても、計画以外の要素がどんどん出てきて、つまずいてしまう。そんな切羽詰まった状況で自分の心の中を覗いてみると、『オレはやっぱり酒蔵をやりたいんだ』とわかった。とにかく酒を造ろうと、非常にシンプルな考えに立ち返ることができました。さらに、倒産の危機を感じ取った杜氏に逃げられたことが、その後の会社のあり方にとって大きかった。杜氏がいなくなって、酒造りをはじめとしてあらゆることが私の思うとおりにできるようになったからです」

酒造りの現場では杜氏の権限が強く、酒蔵は販売や管理を受け持つというのが酒造メーカーにおける一般的な構図だ。しかし杜氏が会社を去ってしまったことで、旭酒造は社員だけで酒造りをするという画期的な体制に舵を切ることになった。

「今のように、売上高が一桁、二桁違ってくるとなると、生産量の増大も半端ではなくなります。もし、従来どおり杜氏に任せていたならば、たとえ今と同じ品質の酒を造れたとしても、彼らが私のやり方に黙ってついてきてくれたかどうか。おそらく反対したでしょう。その彼らを説得するとか、首を挿げ替えるとなると大変なエネルギーが必要です。だから、彼らが逃げてくれたことは幸運だったのです」

前述のように製造部門の社員を雇用し始めてはいたが、本当に社員だけで酒が造れるのかどうか、もちろん不安はあった。

「でも、6割方会社が潰れると思っているわけですから、とにかくやるしかなかった。それに、ウチの杜氏は優秀だったとは思いますが、それでも『この程度だったら社員だけでもやれるんじゃないか』とも感じていました。もちろん杜氏は経験が豊富ですから、期限内に帳尻を合わせることはできる。でも、私たちだけでも杜氏の3倍の時間をかければ何とかなるだろうと思っていたら、本当に最初の年から何とかなってしまった（笑）」

まさに、杜氏制度が絶対ではないと証明してみせたことになる。それも、最初は桜井と4人の社員だけ。しかも、その4人の平均年齢は24歳。皆、若かった。

マニュアルから始めた酒造りへの挑戦

そのときのことを、セブン&アイ・ホールディングスの鈴木敏文元会長に質問されたことがあるそうだ。いわく「最初は素人ばかりで、どうやって造ったのか?」と。

桜井の答えは「70点の酒ができるマニュアルをつくりました。100点は目指しませんでした。まず70点の酒を造れるようにして、そこから少しずつ要求点数を上げていって今があります」だった。

「その背景には、日本酒業界には『全国新酒鑑評会』というコンテストがあって、その金賞を誰もが取りたいと思っていることがあります。各地の国税局や各都道府県の指導機関にも対抗意識があるので、○○県の酒に金賞を取らせたいとなると、その県の技術者たちが奔走してノウハウをまとめる。それがマニュアルとなってオープンになっているんです。それをそのまま社員に渡して、私が説明して造らせた、というわけです」

日本の伝統産業の職人の教育は「背中を見て覚えろ」という場合が多く、手取り足取り教えるのは少ない傾向にある。しかし桜井は、マニュアルを示して詳細に教え込んだ。社員だけで酒造りを始めた状況で人（職人）を育てなければいけないのだから、実際にやりながら育てるしかなかったのだ。

「社員だけで造るようになりましたが、素人集団ですからスケジュールを詰めると作業がうまくいかない。仕事を適度にばらす必要がある。そうすると必然的に作業期間は延びるので、気候の問題を解決するためにクーラーなどを使って季節感を調節していきました」

一般的に酒造りのスタートは10月の初めくらい。ひとまず終わるのが3、4月なので、それが5、6月にずれ込むとなると、温度・湿度を調整する必要が生じる。そこで、元の木造蔵の内部を全面ウレタン張りにして断熱、丸ごと冷蔵庫状態に改造した。それで温度関係の調節が容易になって、夏場でも酒造りができる条件を確保したのである。

「木造蔵は築200数十年という歴史あるものだったのですが、そこへウレタンを張り巡らすと、木に息をさせないことになるので建物が傷んでしまいます。酒蔵の中にアルミのパネルを建て回して、その中を冷蔵庫のようにするという方法もあったが、ものすごく費用が掛かる。そこで考えたのは、『ウレタンを吹き付けたら10年くらいしか蔵はもたないだろう。けれども、10年たって会社が今の状態だったらどうせ将来はない。10年で蔵を建て替えられるくらいじゃないとダメなんだから、この際やってしまえ』ということでした」

いわば素人だけで始めた酒造りが軌道に乗り、さらに年間を通じて仕込み蔵を5℃に、麹室の中を冬場の状態に保つことで可能になったのが、旭酒造の特徴のひとつである「四季醸造」につながる。酒造りは冬場にやるものという常識を覆した、文字どおり年間を通じて酒を造ることだ。しかしこれは、単に生産量を増やしたいがための方策ではない。

社員で造るということは、日曜日は普通に休みにしなければならず、冬場に1日も休まずぶっ通しで仕込むという通常のやり方はできない。ところが週末を休みにすると、連続して行わなければならない作業が制約を受け、結果として製造能力は半減する。しかも醸造アルコールを添加しない純米酒だけだと、製造量はさらに半分になり、都合4分の1しか造れないのである。その差を、1年中製造し続けることで、ようやくフォローできるという計算だ。

「木造蔵は予想どおり10年ほどでダメになったけれども、2007年に新しい1号蔵になり、2号蔵になり、そして2015年には新社屋に生まれ変わりました」

桜井が後を継いだ1984年当時の年間生産量は126kℓ。それが年間9000kℓ（5万石、一升瓶換算500万本）の生産も可能な体制に発展したことになる。

❸ 海外進出の可能性と難しさ

情報発信のスキームをつくる

旭酒造の大きな特徴のひとつが、海外への積極的な進出である。その最初は２００２年、台湾への進出だった。

「国内市場だけではやはり限界がある。どこかの段階では海外へ出ていく必要があるという感覚的なものは、かなり早い段階からありました。２００２年の年商は5億円程度でしたが、それくらいの体力になってやっと、海外へ出ていけるかなと思えるようになりました」

台湾で一定の成功を収めた翌２００３年、アメリカに足掛かりをつくる。もともとアメリカでは１９７０年代後半から健康志向が強まり、寿司などがもてはやされていた。そして80年代後半になると日本食全般に志向が広がり、さらに90年代後半には、日本酒の地酒が日本食に合わせて好んで飲まれるようになっていった。

獺祭の海外進出は、まさにこうしたタイミングを捉えてのことだった。

「アメリカでもバブル崩壊で客がいなくなって、ラスベガスやロサンゼルスに昔からあった日本食レストランが軒並み潰れてしまった。そこにいたシェフや職人は自分たちで店をつくるしかなくなって、そういった店が日本食ブームを支えたといえるでしょう。昔からある日本食レストランが生き残っていたら、今のような日本食ブームはなかったかもしれません。ちょうどそのタイミングで私たちが進出して、いつの間にかそういう日本食の店が扱ってくれるようになった。今になってわかる理屈ですが、当時はそこまで計算していたわけではない。ただ、あらゆる要素がこちらを向いてくれていたんでしょうね。私は『お前、運が悪いなあ』と言われることが多かったのですが（笑）、実は違っていたということですね」

旭酒造の今後の課題は、この海外進出の増強だという。海外での売上を全体の5割にもっていきたいとしているが（2015年現在1割）、特に重要視しているのがフランスだ。市場としてはアメリカが最大なのだが、アメリカに及ぼすフランスの影響力が食に関しては大きいのだ。したがって、フランスで売れることがアメリカでの販売にもつながるという考えである。

海外向けの営業担当が現在2名いるが、これも増強するつもりだという。

「日本固有のものである日本酒を海外に向けて売るわけだから、担当者は日本人でなければ話になりません。日本酒を含めて日本の文化も説明できなくてはいけないし、アメリカでもフランスでも、先方の国の文化も理解していないと説得できない。英語を話せるだけではだめなんです。でも、そんな人材は簡単にはいませんよね（笑）」

その意味でも、桜井は欧米のパーティ文化に入り込む必要性を感じ、そのための商品を開発することも考えている。

「パーティでは酒も動くし、金も動く。そういうところでシェアを取らないといけない。日本流に毎日の晩酌から、というのは無理ですからね。2016年にフランスに直営レストランを出すことにしたのも、たとえ現地に直接乗り込んでも『獺祭とは何ぞや』と、具体的に説明できる材料がないと理解してもらえないからです。獺祭はどういうポリシーで造っているのか、そのために何をしているのかということを、ちゃんと語れる場所をつくりたかった。日本人は、例えばフランスのムートン・カデ（ワイン）が何を考えているか、といった話は好きですが、獺祭を造っている酒蔵の社長が何を考えているかなんて、誰も気にしない。ただ、最近では私がひと言多いので、やや気にしてもらっているようですが（笑）」

誰かが先頭を切らないとダメ

和食のブームや桜井たちの地道なチャレンジもあって、海外でもかなり認知されてきた日本酒だが、桜井は「日本酒」という呼び名を本当は好きではないと言う。

実は国税庁の正式な名称にも「日本酒」はない。「酒」あるいは「清酒」と称されているのだが、しかし今や、国を挙げて「Japanese SAKE」をブランドにしようとする動きが具体化している。

桜井のところにも、「日本の米で造った酒を『日本酒』としてブランド化して、海外における地位の確立を目指してやっている」と国税庁の人間が話に来たそうだ。「それは素晴らしいことですね」とは応じたものの、「でも、それで何とかなるの?」というのが本音だった。それよりも、ワインに比べて高率な関税の解決、変質させずに流通させるシステムの構築など、国として取り組むべき課題は山積している。

加えて、実際の運用面でも不安があると言う。

「日本の米で、日本で造った酒だけを『日本酒』と呼ぶことにするとどうなるか。実際はほとんどの日本酒は醸造アルコールを添加して造っていて、その原料はブラジル産が多いのです。日本で生産する日本酒の総アルコール度数の40%くらいが醸造アルコールだと思いますが、国税庁の定義を当てはめると、それらは日本酒とは呼べなくなってしまいます。どうするのでしょうかね」

さらに心配しているのは、ブランド化が行きすぎると、ワインがシャトーやドメーヌを重視するように、地元の米で造った酒だけをブランド酒にしよう、という考えになってしまうのではないか、ということ。

日本酒は米という穀物を原料とする。長距離移動できないブドウを原料とするワインと違って、本当に良い原料米を使おうとするなら広く産地を求めることが必要。本当に良い酒を追求する醸造家なら地元の米にこだわるよりは、真に良い米を求めようとするはず。

「ウチのように全国から山田錦を仕入れている蔵は、自分の首を絞めることになる。これは困りますよね。だから、『日本酒』と呼んでブランド化しようという人たちの勢力に与するのは、あまり面白くないんですよ」

旭酒造では、海外では「SAKE」と表現して商品を説明している。「JapaneseSAKE」と表記するのはかまわないとしながらも、「日本酒」ブランドをつくって、みんなで仲良く海外に売り込んでいこうよ、といった悠長なことでいいのか。小田原評定になってチャンスはなくなってしまうのではないか、と桜井は危惧する。そうではなく、どこかが先発して突っ走って、そこに皆がぶら下がることはできるのではないか。

「山口県がいい例だと思うんですが、ウチが東京に出始めた頃に、山口の酒造業者の中には『獺祭はもっと県内のことに力を入れるべきだ』と言うところもありました。でも、今になってみると、獺祭が突っ走ったから他の酒蔵もビジネスが成り立つようになった。あのとき私が『山口の酒は山口のために』と、県内だけで商売していたら全員が共倒れだったと思います。日本酒業界は全国的に前年比96％くらいなのに、なぜ山口だけが120％と伸びてきたのか、ということですね。突っ走るものを批判してもいいんですが、やはり誰かが先頭を切らないとダメだと思います。今後、獺祭が突っ走っていくことで、山口の他の酒蔵も引っ張られていく可能性がある。海外についても、その可能性はあるでしょうね」

4 ゲームが変われば自分自身も変える

状況変化に適切に対処する

人気商品ゆえに「獺祭」は手に入りにくいという状況が、ここ数年見受けられている。品不足の一因は原料米（山田錦）の不足にあったようだが、2015年の暮れくらいからは山田錦の供給量に余裕が出始めているそうだ。山田錦をつくれば獺祭が買ってくれる、山田錦だったらいくらでも欲しいと酒蔵が言っている、という評判が農家の間でも広まったからである。

「今は品不足というよりも、市場を見ながら、どういう出荷の形態を取ればいいのかを見極めている状態です。というのは、需要があればどこにでも出荷するというやり方をしていると、ウチの製品にまったく愛情を持たず、ただ売れるから仕入れるといった販売店に出回ってしまう。そんなところが獺祭を末永く大事に扱ってくれるはずがない。やはり獺祭のことをよくわかってくれるところに扱ってもらいたいと思っています」

信頼できる販売店のひとつである池袋のとある百貨店で、こんなことがあったそうだ。

獺祭が品薄になったというので、桜井が営業担当に「あそこにはいくらでも出荷すると言ったはずだが」と言うと、「先方のバイヤーが、前年比110くらいまでならいいが、それ以上伸びると来年が怖いから、予定数以上は入れないと言っている」とのことだった。そういう話がときどきあるという。

「獺祭という強い商品があったら、それを利用して他の酒も売ろうと考えますよね。そうすると、獺祭は品薄状態にしておくという戦略もわかります。もちろん、供給しすぎれば不良在庫を抱えることになってしまうので、さじ加減は今が難しいところですね。この1、2年くらいが胸突き八丁。急角度の右肩上がりで来ましたから、これを緩やかな成長に着地させることができるかどうか。それが今の私には最大の仕事ですね」

桜井は「前年比108くらいがちょうどいい。いや、103くらいかな」と言って笑う。とはいえ、1割弱ずつ伸びたとしても、10数年で倍になる計算だ。

「もちろん、たとえ3倍になっても耐えられるように準備はしています。ウチの酒蔵の生産能力は最大で5万石ですが、無理なく生産に耐えられるのは今のところ4万石でしょう。それをオーバーするようであれば、次の蔵の用地も準備はしています」

注文があればあった分だけ造る、ということはしない。また、注文に関係なく造れるだけ造って、すべて売るという気は毛頭なく、そんなことを社員たちに強制する気もない。

ただし、幹部たちには「状況の変化に適切な対処ができること」を求めていると言う。

「これは、身の周りの変化に臨機応変に対処するということではなく、ゲームの大局的なルールが変わったことに対処するということです。例えば、売上3億円の会社、10億円の会社、100億円の会社ではそれぞれ全く違う経営が求められますね。生産規模が違えば予算も人員も違ってくる。ウチも、現在では製造スタッフだけで120名。最初は私を入れて5名でしたから、大きな差です。さらに向こう10年で倍の200億円になるとして、日本酒業界の最大手は年商350億円ぐらいだそうですから、そうなれば今までと同じルールでやっていては通用しないことが数字を並べるとわかります。このようなステージの変化に対応できるかどうか。いわば、自分を変革することができるかどうか。そこがいちばん必要とされていると、私は思います」

100%勝つ必要はない。70%の勝ちでいい

「今が胸突き八丁」だと言う桜井はもちろん、役員たちもこの先どのように舵を取っていくべきか、やや悩んでいるそうだ。現在の役員は年間売上が3億とか5億円の時代、中堅どころの管理職たちも10億円に届いていない頃に入社している。しかし、今や年間100億円規模の売上になり、文字どおり「桁違い」になった。つまりステージが変わってしまっているの

だ。

「役員を見ていると特に感じますが、売上が一桁の時代から10億とか20億に伸びた頃は、みんな楽しそうでしたねぇ（笑）。ところがそこから先は、地獄とまでは言わないが、要求されるものが違ってきた。そうなると、それまでの思考を否定してかかる必要がありますが、人間は自分を簡単に否定できません。マニュアルにして教えることもできないので、自分で考えてもらうしかない。だから、今は非常につらい時期でしょう。かといって、変われないなら違う人間を雇うしかない。もちろんそれはできないので、やはり変わってもらうしかないんです。企業が伸びることは、従業員にとっては楽しいことばかりではないのかもしれませんね。いや、経営者もそう。ある程度まで伸びると、要求が難しくなるのは道理です」

会社の発展、社会貢献のためには社員にも厳しい要求を課す桜井だが、彼らを温かく受け入れている面ももちろんある。

例えば学校での出来が悪く、親に見放され、学校の先生にスポイルされていた子。あるいは進学校に行けず、いい大学にも行けなかった子。そういう子は、「自分がいかにダメかということを社会に出るまでずっと叩き込まれてくる」と言う。そういう子は、旭酒造に入社しても達成感を得ることはない。

「そんな社員にはよく言うのですが、学校の勉強が苦手で、制限時間のある試験では点数が取れなかったかもしれない。でも、会社の仕事はカンニングありだよ。だから意欲さえあればマニュアルを見ながらでもできるはずだよ、と。ウチもそうですが、どの会社でも入社してくる人間の全員が優秀というわけではない。なかには間違って入ってきたのかな、という人もいるでしょう。でも、学校と社会ではゲームのやり方が違うんだ。学校で与えられる評価は社会では必要ないんだ。だから大丈夫なんだ、という話をよくします」

実は桜井自身、「子供の頃から運動や勉強にあまり自信がなく、器用なほうではなかった。何をやるにも、人よりスピードが遅かった」と言う。しかしあるとき「他人の3倍でも5倍でも時間をかければいいだけのことじゃないか」と気づいたそうだ。学校のテストには制限時間があるが、社会ではいくらでも居残りができる。そう考えさえすれば、何だってやり遂げられる、ということだ。

「しかし、規模が大きくなって設備も整ってくると『突破力』がなくなってしまう傾向にありますね。事前に調べるだけ調べて、無難に段取りをつけようとする。そういうやり方だと新しいものにチャレンジできません。日本酒業界でも、大手などの幹部はそれなりの大学の出身者が集まっているはずなのに、停滞を打破するのは難しい。社長をやって気づいたのは、例えば本を読むときにレベルの高い読解力はいらない。まず読むことが大事。それも短時間で読破する必要はなく、タラタラでもいいので、とにかくあきらめずにしがみついていけばいい。だから学校の成績は関係ないんです。『がんばらないけど、あきらめない』というスタンスこそが大事」

こういった考えは桜井の経営観にもつながっている。「経営はトーナメントではないのだから、100%勝つ必要はない。70%の勝ちでいい」というものだ。

「本音としては60%の勝ちでもいいかな(笑)。たとえ負けるにしても、完膚なきまでに負けなければいい。最後の首の皮一枚残しておけば、何とかやり返せるものです。見切りどき、逃げどきなども見極める必要があります。だから『男らしい』経営はまったく意味がない。全員が枕を並べて討死、というのがいちばんダメだと思いますね」

旭酒造

“今と将来を工夫できる人が頼られる”

この世にある限りやることがある

人と同じように、法人にも平等に生死の機会が与えられる。企業30年説と言われるのは、どんなに金鉱脈を掘り当て、その成長分野でのノウハウを作り上げた組織であっても、30年過ぎれば、そのノウハウは陳腐化してしまうためである。そして、この30年が経営者の代替わりと重なるために、衰退するスピードを加速させることになる。だから、30年以上生き延びたところが一流であり、やがて老舗となる。

ある老舗の店主と話しているときに『「老（ふるい）い店」と書いて老舗ですね』と話した。すると、店主は『本当は「新しい店」という意味で「新（しん）舗」と書いてしにせなんですよ』とたしなめられたことがある。

老舗は、30年の波を何回も乗り切ってきている。それができるのは、その時々で残すもの、変えるもの、始めるものを見極めて新しい店になっているためである。

カタチあるものとして残す

人のノウハウなど目に見えないものは、カタチとして目に見えるようにしなくてはならない。これができないとその人頼りになり、その人がいなくなってしまうと、組織が存続ができなくなってしまう。

世の中にカタチにできないノウハウはほとんどない。

今までのやり方を変えたり、やめようとすると、それに従えない人が出てくる。しかし、従ってもらわなければ組織は変わらない。これを組織のメンバーに説明をすることは大切だ。しかし、それでも受け入れないのなら、押し通すことをしなければならない。

この場合に、13の行動で示したように、より多くのメンバーに動いてもらえるような工夫をすることが重要だ。

老舗の経営を見ていて、つくづく思うのは地味な組織が多いことだ。マスコミにもてはやされることは少ないし、あえて閉ざしているようにも見える。先端の技術に飛びつくことも少ない。だから一言で言えば、面白くない。

ただ、その面白くない会社が長生きであり、面白い会社のほうが短命であるということは興味深い。

「とりあえず」と「その先で」

組織は、どこも「とりあえず何とかしなければ」と「その先でどうするか」ということを考えることによって、生き残りと成長を考えている。

この「とりあえず」のところで重要なのは、組織のメンバーが意見をもっているかどうかである。経営危機に陥ったとき、外部と若手の意見を聴くことだ。こうしたらよいという意見が出るわけではないが、なぜうまくいかないか、ダメなのかということを知るのに役立つ。

ところがベテラン社員となると、多く出てくる意見は、「昔は良かったのに、お客様が変わった…」という類いのものだ。問題点に全く気がつかないということもある。これは困りものである。

人の健康と同じように、体調が思わしくないときは、外部の意見や他人から情報を得ることが手っ取り早いのだ。

「言ってはいけない」の思い込み

久々に会った人が「ちょっと痩せた（太った）んじゃない」と何気なく言う。本人は悪気はないだろうが、ドキッとするし、そうかなと思う。

外部の人の意見の大切さは、ここにある。

経営リーダーは、年齢・職歴に関係なく意見を受け入れることが求められる。

組織の中で、品質や価格について文句を言ってはいけないと思い込んではいないだろうか。もちろん、日常茶飯事に自分の組織を批判するのはどうかと思うが、何も言わないほうがもっと悪い。

組織が求めているのは、正しいものは正しい、そうでないものはそうでないと言える人材だ。

最高を目指す

老舗の日本料理店には、組織ヒエラルキーがある。一番下は追い回しと言われ（雑用係）、一番上が花板《はないた》（幹《しん》）と言われる。花板は、料理が上手なだけでは務まらない。先を見通すことが求められる。それは、いかに美味しい料理を出すかだけでなく、これから出す料理、そのための食器、サービスの動き、衛生管理、設備といったものをどうするかを見通しているのである。一言で言えば、マネジメント力だ。

これからも生き延びるであろう料理店の人たちが知っている事実がある。それは、自分のところのものが必ずしも一番美味しいわけではないということだ。美味しさについて一番を目指すが、一番であるとは思っていない。思い込んでいないところが面白い。ただ、そのことを口に出そうとはしない。よく言われるように、良いものが売れるとは限らないのと同様である。

今とその先を考える

これからのビジネスパーソンは、情報は沢山入る。今、世間がどうなっているということは、瞬時に分かる。企業にある程度勤めれば、その組織の良いところは分かるだろう。また、その組織に誇りをもつことは良いことだと思う。しかし、そのようなものは一瞬のものでしかない。大切なことは、その先にどうすることかということだ。

大学関係者に聞くと、入試制度が変わり、試験を受けないで入ってくる学生がいる。そうした学生より、外部から試験を受けてきた人のほうが優秀だと一般に思われている。実は、そうでもない。大切なのは、その先（大学を卒業して）にどうしようという考えをもっていることだという。それがある人は伸びるということだ。

考えなくてはならないのは、このままではいけないという意識をもち続けることではないだろうか。

伝統を創り出せる人材

業界が形成されると、特有のやり方が生まれる。それを長年やっていると、いつの間にか業界常識となってしまう。すると、これを変えることは業界の掟破りではないかと勘違いし、思い込んでしまうことが多い。

そういう中で求められる人材は、おかしいことをおかしいと言える人だ。それは、先輩の顔を潰すかもしれない。経営者の思惑とは違うかもしれない。

酒造業界のように長い歴史をもつところは、業界慣習に縛られてしまい、次の一手が出しにくくなってしまうところがある。それで自分の意志でやり切ったところに、旭酒造の素晴らしさがある。ある伝統的な業界の経営リーダーが、次のようなことを言っていた。それは、「伝統に学ぶのはよいが、それだけではダメだ。伝統は守るだけでは意味がない、伝統は創るものなのだ」というものだ。それができる人材に、仕事は任せてみたくなるのだ。

大切なのは、お客様のニーズに応え、感動していただくこと

―――山本 梁介 (株)スーパーホテル代表取締役会長

1 「ぐっすり眠れる」ホテルが原点

一流どころのホテルにも負けないものをつくる

スーパーホテルは「安全・清潔・ぐっすり眠れる」ことを経営理念のひとつとして掲げている。なかでも「ぐっすり眠れる」というコンセプトは、ビジネスホテルというカテゴリーでは、ありそうでなかったものといえるだろう。

そのベースには、山本梁介の3年間の商社マン経験がある。

「出張旅費の範囲でちょっと一杯やりたいと思いますよね。そこで、当時(1990年代半ば)のビジネスホテルの相場は今とほとんど変わらず1泊7000~8000円でしたが、その7掛けでやりたいという大前提で始めました。もちろん、安いだけならカプセルホテルもある。けれども、出張の一番の目的は翌日の商談の成功です。そのためには、前日はゆっく

り休んで、頭をすっきりさせて、神経を集中させて臨まなければならない。そこで、単価にかかわらず心安らかに『ぐっすり眠れる』ことが最も重要ではないのか。それなら、シティホテルなどにも対抗できるに違いないと考えたのです」。

山本は、国内、海外を問わず有名ホテルを泊まり歩いた。帝国ホテルやザ・リッツ・カールトンなどにも泊まってみて、こういうホテルに何か一点でもいいから勝てる部分はないかと考え抜いた。

「そやけど、部屋は広いし、ミニバーはあるし、風呂も広いし、ベッドも広くてふわふわで、枕も4つくらい置いてある。『どう考えてもまけるな』となりますわな（笑）。しかし、寝るときに照明を消すと、寝具に接している頭や背中などの感覚だけになります。すると、マットレスの硬さの違いや枕の違いだけになる。つまり、照明を消したあとは一流どころのホテルにも負けないものをつくれば勝てる。そこで『ぐっすり眠れる』という一点にすべてを集中させたわけです」。

ビジネス客の場合、夜10時頃に入って朝8時頃に出て行く人が多い。滞在時間が10時間として、その7、8割はベッドの中で過ごすことになる。だから、この部分を最高級にすれば勝負できる、という発想である。

お客様に感動してもらうことが大事

良質な睡眠を科学的に追求するために、山本は大阪府立大学健康科学研究室の清水教永教授（医学博士・現名誉教授）を訪ねる。そして「ぐっすり研究所」を設立し、快適な睡眠とは何かを探究し、それはスーパーホテルのコンセプトである「ぐっすり眠れる」にいかされていった。

例えば、調湿効果の高い珪藻土を客室の天井に塗る。それも、品質に優れる稚内産の珪藻土にこだわる。壁紙には環境に配慮したケナフを使用する。枕も、高さと柔らかさをいろいろ組み合わせて8種類揃える。ベッドも硬めと柔らかめの2種類から選べるようにする。

また、眠りの深さには血流をよくすることが効果的ということで、体のイオンバランスを改善するように繊維に特殊な加工を施した掛け布団も用意する。岩盤浴と同じ効果が望めるよう、天然鉱石の微粉末を加工したスリッパまで用意されているもだ。

さらに照明は、ロビーから廊下、部屋へと段々と明るさを落としていくように計算してある。外壁、隔壁ともに防音設計で、客室の扉にもゴムパッキンをつけることで廊下の音が漏れにくくなっている。さらに冷蔵庫も静音仕様のものにし、室内の静かさは図書館内と同程度に抑えてあるそうだ。

こういった、目に見えないところでの「ぐっすり眠れる」仕掛け以外にも、合理的かつ顧客満足度を上げるための工夫も様々に取り入れている。特に、徹底的にＩＴ化することで自動チェックイン、ノー・キー、ノー・チェックアウト、カギのペーパー化（部屋のカギは暗証番号として事前精算のレシートに記載されている）を実現。朝のチェックアウト時の混雑を解消することが可能になった。

ただ、自動チェックイン・アウトだとフェイス・トゥ・フェイスではなくなり、温かみがなくなってしまいそうなものだ。だが、スーパーホテル従業員に対するクレームはほとんどない。

そこには、「顧客第一主義を旨として、お客様に元気になっていただき」と経営理念にも謳っている、山本の思いが反映されている。

「サービス産業に携わる者として、自分で考えて自分で行動し、そしてお客様に感動してもらうことが大事。つまり、お客様の喜びは自分の喜びである、と心から思えることが大事なんです。例えばディズニーランドや５つ星ホテルなどは、いわば非日常の感動でしょう。そうではなくて、日常の中での感動こそが日本のおもてなしのいちばんの基本だと思うんです。それをつくり出したい。まだまだこれからですが、『ああ、気持ちいいホテルに泊まったな』と感動していただけるように、皆一所懸命なのです」。

❷ 地域貢献とLOHASへの取り組み

ホテルで地域おこし

スーパーホテルの宿泊客には、ビジネス客もいれば交流客（観光客など）もいる。ビジネス客の場合は、その地域に商品やソフト、あるいはノウハウを供給し、その地域経済を活性化するべく出張してくる。交流客の場合は、観光やスポーツ、文化・芸術などを通して地域と交流し、その発展に寄与することになる。いずれも、その地域経済を活性化し、地域の発展に寄与してくれることに違いはない。

「つまり、どのお客さんも、その地域の応援団なんです。そんな方たちが私どものホテルに泊まってくださっているのだから、ぐっすり眠って、私たちの接客で元気になって、翌日はビジネスでも交流でも、地域の経済や社会を活性化していただきたい。そういう素晴らしい仕事や活動のお手伝いをしているんだという誇りを持つことも、経営理念のひとつになっています」。

今、地方創生という言葉が盛んに飛び交っている。しかし、地方創生のために工場などを引っ張ってくるといった手法は時代遅れだと、山本は考えている。

「例えば、テーマパークなどではできない体験観光。各地方の特産品を全国的に売ること。

この2つが地方創生の基本だと思います。そのためには、まず地方へ来てもらう。となると、どうしてもホテルが必要です。ですが、ホテルとしても進出するからには全国からお客さんを集めたい。しかし10万都市以下のところにはチェーンホテルはどこも出しません。商圏として成立しないからです」。

スーパーホテルは2015年12月、島根県江津市にも出店したのだが、これは愛媛県の八幡浜店などと同様、地域おこしを兼ねたものだ。江津は人口2万5000人余の、人口減少に悩む山陰の小都市である。それでも熱心に町おこしをやっていて、JR江津駅前の再開発にあわせてホテルを建てたいという要望がスーパーホテルに寄せられたのがきっかけだった。

「地元の人たちや団体から熱意が感じられました。こういう事業の場合は、地元にも熱心になってもらって協同する必要があります。こちらとしても東京や大阪に店舗を出すほうが効率はいいんですが、CSV（Creating Shared Value＝共通価値の創造）がひとつの企業目的になっているので、やはり地方にも貢献したいと思っています」。

環境が人を元気にする

地方貢献とともに柱になっているのがLOHAS（Lifestyles of Health and Sustainability＝

健康と環境、持続可能な社会生活を心がける生活スタイル）である。

「『環境が人を元気にする』というのは、水俣で気づかされたことです。最初は2001年、水俣市の市長が代わって、水俣病という公害の街のイメージから環境の街にということで、市がISO14001を取った。そして、すでに出店していた私どものホテルにも協力の要請が来たのですが、当時は『市長が言われることだし、協力しなければいかんかな』と、あまり積極的に始めたことではありませんでした」。

しかし始めてみると、水俣病のイメージを払拭したいという市民全体の強い思いもあったのだろう。ゴミの分別などに懸命に取り組む姿勢に、山本は驚かされることになる。

「そのうちに水俣市民の顔が涼やかに、明るくなってきた。私は『環境は人も元気にするんやな』と思いましたね。こちらも力が入りました。そして2005年に、ノーベル平和賞も受賞したワンガリ・マータイさんが来日。彼女は、それまで3R（リユース、リデュース、リサイクル）が環境の基本だったところに『もったいない』という、モノを大切にしリスペクトすることを加えて、4つのRを提唱された。そして『MOTTAINAI』を世界共通語にしました。私は『スーパーホテルのコンセプトとシームレスやないか』と感じ、環境に取り組む気持ちをあらためて強くしました」。

ところで、スーパーホテルはビジネスホテルの中では女性の利用率が高い（約3割）。しかし、LOHASを掲げたのは女性客の取り込みを狙ってのことではないという。結果的に女性が魅力を感じたということであり、「ぐっすり眠る」などと違って戦略的なものではなかった。

「20世紀のホテルにおけるラグジュアリーは、豪華な施設の中で美味しいものを食べて、いわば王侯気分になることでした。でも、そういった資源多消費のラグジュアリーは古いのではないか。21世紀は省資源・省エネルギーを考えながら、その上で気持ちよさを感じることが大切なのではないか。そう考えると、LOHASというライフスタイルをホテルで体感することも楽しみになるだろうし、さらに地球環境に貢献するということも大きなラグジュアリーになる。それが、結果として女性客にも受け入れられたのではないでしょうか」

③ 二度の挫折をバネに

実際に成功している人に学ぶ

業界の常識を様々な形で打ち破るスーパーホテルの理念と戦略。山本がそこにたどり着いた背景には、二度の大きな挫折があった。

山本は25歳のときに父を亡くし、家業の繊維問屋を三代目として引き継ぐ。父を超えたかったというわけではないが、ビジネス本を片っ端から読み漁って得た知識をもとに経営に取り組んでいく。

「100冊くらいは読みました。そして、本に書いてあるとおり、生産グラフを貼り出すなどして計数管理を徹底させました。サラリーマン時代は営業として成績もよかったほうだったので、自信もあった。ところが、番頭さんである取締役に『社長の言うてはることはわかりますが、現実はそううまくいきまへんで』と言われてしまいました」。

まだ若かった山本は、「自分にリーダーシップがないからだ。もっとガンガン言わなくては」と勘違いしてしまう。そこでさらに人の心が離れる。「ぼくも朝早くから夜遅くまで一所懸命に働いているのに、なんでや」となって、ますますガンガン言う。

挙句の果てには工場が労働争議に巻き込まれてしまい、山本は社内で孤立。結局、工場は売却、営業部門は取締役に譲渡、そして自身は経営から身を引くことになる。

この一連の経験の中で山本が実感したのは、「大学で勉強した経営学と、実際の経営は違うなあ」ということ。そこで考えたのが「実際に成功している人に学ぶ」ことだった。堅実だった父のおかげで土地を含めた資産は残っていたので、貸しビルを建てて賃貸業を始めた山本には、十分すぎるほどの時間もあったのだ。

成功した人に会って話を聞いたり、失敗した人の周辺の人から話を聞いたりした。1年間で70～80人ほどの人には会ったと言う。

「結局のところ、成功した人は『運がよかった』と言い、失敗した人は『運が悪かった』と言う。でも、それでは解決になりません。『運がいい』のはどういう人なんだ、ということです」。

人生はピンチとチャンスの繰り返し。しかし運のいい人は、ピンチをチャンスに変えることができる。なぜなら、ピンチのときこそパッと何かが閃くような「感性」が磨かれているからだ。

しかし、仕事で壁にぶち当たって苦しいときに他人のせいにして逃げていると、感性は磨かれない。逃げずに頑張って克服することで磨かれるものだ。うまくいかずに落ち込むこともあるだろうが、5年10年というサイクルで考えれば、それこそ失敗は成功のもとで、次の大きな成功に結びつくはずだ。

山本は、そう解釈した。

「もうひとつ言うなら、成功する人はどことなく爽やかなんです。陰気くさい、うっとうしい人ではない。周囲の人から『こんなやつ、沈んでもエエわ』と思われるようではだめで、やはり『あいつは沈んではいかん。ちょっと手を差し伸べてやろう』と思ってもらえる人間でなくてはいかんのですね。それが、『人間力』なんです」。

感謝の気持ち

過去の苦い経験から「仕事を通じて感性と人間力を磨いていかなければいけない」と気づかされた山本は、新しい事業を模索していく。そのとき、参考にすべきと考えたのが「人口統計」だった。

「経済評論家は情勢の読みを外しても平気な顔をしていますから、全然アテにならん。いちばん裏切らないのがこれかなと。人口は、1年後の数字はこうなると、比較的長期見通しが立ちます。ちょうどその頃、『ロサンゼルスでは家族世帯の割合が半分を切った』という記事を英字新聞で見て、びっくりしましたね。シングル＝独身が増えているというんですね」。

その当時（1960年代後半）、日本での平均初婚年齢は24〜27歳程度だったが、海外ではそれが30歳過ぎになっている。また、自己中心主義（ミーイズム）が強くなって離婚率が上がり、独り者が増え、仕事と刺激を求めて都市部に集まる傾向にある、という内容であった。

「これからは日本でもシングルが増える」と直感して、関西で始めたのが木造のシングルマンション（単身者向け賃貸マンション）だった。

「最初は1階に4部屋、2階に5部屋の小規模なものでしたが、それが当たった。そのうち1棟売りのシングルマンションもつくったりして、バブルにも乗って、無茶苦茶儲かりました（笑）」。

1969年にこの事業に乗り出して以来、20年以上も順調に業績を伸ばし続けていた山本だったが、そこにバブル崩壊が襲い掛かる。1990年3月の大蔵省通達、いわゆる「総量規制」に端を発する景気の大後退である。

「1日で円形脱毛症になるし、あまり飲めない酒を飲んで体を壊すし、夜も眠れなくなるくらい、いろいろ悩みました。借金は40年計画くらいでないと返せない計算になる。ウソの再生計画は立てられないので、そのとおりに銀行に言うと、『ダメや。10年で、や』と言ってくる。『よう言うわ！』ですよ。バブルの頃は『貸していらん』と言うのに金を振り込んできといて（笑）。しかも、手持ちのシングルマンションを売れと言ってくる。当時の利回りは13％くらいありましたから、当然売りたくはない。儲かる商売だとわかっているのに『売れ！』と言うなら、ウチに対する金利もその分まけてくれたらエエのに、と思いましたけどね（笑）」

そんな苦労をしていたときのこと。銀行との話し合いがうまくいかず、山本が夜11時頃に会社に戻ってみると、まだ明かりが点いている。少しでも資金を集めようと、皆一所懸命に計画を立てたり、得意先へ精力的に回ったりしていたのだ。

「給料こそ支払っていましたが、ろくなボーナスも出せていなかった。それなのに文句ひとつ言わずやってくれている。『皆の支えで自分があるんだ』という感謝の気持ちが『皆を幸せにしなくては』という使命感になり、勇気と力を与えてくれた。まさに、『人間力』のベースは

『感謝の気持ち』なのだと気づかされた瞬間でした」。

国家主導の総量規制と日本銀行の金融引き締めのせいだと、「被害者意識に駆られて、自分でも嫌な性格になっていた」と言う山本は、しかし社員たちの頑張りと献身に気づいたときに「気分が軽く、明るくなった」そうだ。

「そうなるとアイデアも浮かんでくるし、パワーも湧いてくる。インフレ先取りでこれだけ被害を受けた。でもこれからはデフレや。逆にモノやサービスをいかに安く提供するかというデフレ先取りをすればいい、と。そこで『人間力』という言葉の意味が初めて腹に落ちたわけです。家業から手を引いて以降、使ってはいたが、口先で言っているだけでしたから」。

そして、銀行の提案どおり６０００室あったシングルマンションの土地・建物のほとんどを売って急場をしのぎ、「スーパーホテル」の事業アイデアを導き出していくのである。

❹人材育成への取り組み

『自律型感動人間』を目指す

会社自体は１９８９年の設立で、「ホテルリンクス」というシティホテルを展開していたこともあって1996年のスーパーホテル誕生当時はホテル勤務経験者が従業員の3割程度はいたという。

ところが、山本の打ち出す新機軸のコンセプトに反発して、彼らが辞めてしまう。残った社員には不安も広がったが、山本は自分の理念を貫いた。

「仕事を通じて感性と人間力を磨いていけば大丈夫やと。それが『自律型感動人間』を目指すということです。『自律型』は福沢諭吉の『独立自尊』という言葉にも影響を受けたものですが、自分で考えて自分で行動すること。そして、人間力の基本は感謝なので『自律型感謝人間』となりそうですが、それでは語感が弱いので『自律型感動人間』としました。それが人材育成の目標になっています」。

また、上に立つ者として「自分の不得意な部分を補ってくれる人材を育てる必要はあると思う」とも言い、スキルに関するポイントを4点挙げる。

「経営理念と経営数字に真摯になること。それから役割認識と仕組みづくりについて、どれだけエクセレントになれるかということ。この4つを、それぞれをバランスよく深めていくことが大事ですね」。

まず、経営理念を深く理解し、経営数字を真摯に理解していれば、その数字を見ることでも閃きを得られる。会社全体を俯瞰して『ここが悪い、あそこがいい』と気づくこともでき、さらに、未来志向のことも考えることができる。

役割認識については、上司に対してあるいは部下に対して『何ができるのか』と考えるだけでは浅くて、『この会社をこういう方向にもっていくためには、自分はこうしなければならない』というところまで考える。上に行けば行くほど、そういう役割を認識しなければならない。人が成長できるような会社の仕組みづくりも同様で、それぞれの立場に従ってどれだけスキルを高められているかが大事になる。

「やはり、一般社員から係長、課長、部長と、だんだんと求められるレベルは決まっていくと思う」と言うが、ホテルのようなサービス業では、先に挙げた４つのポイントのなかでも「経営理念の深い理解」が重要だと、山本は考えている。

なぜなら、ホテルの現場では即断即決が常に求められる。何か起きた場合、逐一本社にお伺いを立てることはできない。その際に現場スタッフが自ら判断し行動する基準として、経営理念の理解の深さが重要だからだ。

これは「企業にとって、理念と戦略は車の両輪」という考えにもつながっている。

では、理念を浸透させるには何が必要か。それには、まずトップが理念に沿って行動すること。そして社員の意識や目線を、トップの価値判断になるべく近づけることだと言う。

そのためにスーパーホテルでは、毎日、朝礼を行っている。その場では、本社においては「経営指針書」を、各店舗では「Faith（フェイス）」を、パートも含めて全員で毎日1ページずつ唱和する。Faithとは経営指針書を簡略化したもので、経営理念や行動基準、「働く仲間への約束」など、ホテルの一員として働く心構えをまとめたものだ。

「朝礼では当番が決まっていて、当日読むページの内容に即して自分がどのように取り組んでいるかという発表もしてもらいます。それに対して、本社では私や社長が、店舗では支配人や副支配人がコメントし、対話もします。でも、唱和しているだけでは絶対に頭に残らない。右から左へ抜けてしまう。しかし、自分の取り組みを具体的に話すとなると、まず人の話を聴くようになります。私が一方的に何か訓示しても、誰も聴いていないですからね（笑）」。

つまり、自分も発表があるので人の発言もちゃんと聴く。さらに、自分も必ず発表しなくてはいけないので、中身を深く考えるようになる、ということだ。

「もうひとつ、発表にあたっては一夜漬けでもいいから実行してみることが大切。実行した上だと話しやすいし、内容にも迫力が出ます。こうして『聴く、考える、行動する』という習慣を身につければ、従業員全員に経営理念が浸透していき、その理念に沿った行動が生まれるはずです」。

わたくしはプロです。

アマの考える習慣	プロの考える習慣
目的が漠然としている	常に明確な目標を指向している
経験に生きる	可能性に挑戦し続ける
不信が先にある	信じ込むことができる
途中で投げ出す	使命感をもつ
できないいいわけが口に出る	出来る方法を考える
他人のシナリオが気になる	自分のシナリオを書く
現状に甘える	人間的成長を求めつづける
ぐちっぽい	自信と誇り
気まぐれ	自己訓練を習慣化
自分が傷つくことは回避	他人の幸福《しあわせ》に役立つ喜び
享楽的資金優先	自己投資しつづける
時間の観念なし	時間を有効に組織化
失敗を恐れる	成功しつづける

図 1

いわば「組織開発の場」ともいえそうだが、朝礼の最後には当番が「わたくしはプロです。」を読み上げる（**図1**）。自律型感動人間になるための「13の習慣」だ。そして最終項目の「成功しつづける」を全員で唱和して終わる。

人材育成のツールとしては、年間の組織目標と個人目標を書き込むチャレンジシート、日々の業務における目標達成状況を追いかけるランクアップノートも使っている。

「ただ、私がいちばん大事だと考えているのは『話し込み』です。サラリーマンならほとんどの人が、上司であり同時に部下でもある。部下がいないのは新入社員だけ、上司がいないのはトップだけですわな。ですから、ランクアップノートを基本として、1カ月に1回、30分間以上は上司と部下がサシで話すことを義務化しています。そこで、重要計画をどのくらい遂行しているか、自律型感動人間度をどれだけ上げたか、といったことを確認する。例えば新入社員の場合、自分に自信がないと『自律型感動人間』にはなれないので、上司がその新人と話し込んで、その長所を明らかにしていく。人より体力があるとか声が大きいとか、何でもいいので、それを指摘してあげれば自信にもつながります」。

さらに、その人の「夢」をはっきりさせていくことにも留意している。「夢」が明らかになると、今の仕事がその夢に少しずつでも近づいていると認識できるようになる。すると、仕事に本腰が入るという効果があるのだ。今は少なくなったそうだが、当初は「夢がない」という社員も多かった。そこで「夢は自分でつくるもんだよ」という基本的なところから説明しなければならなかったという。

「私自身も月に1回、私が責任を持つ経理や総務のトップたちと話すようにしています。営業や建設部門は社長が担当ですね。とにかく下の人間が話しやすいように、上司にはできるだけ部下をフォローしながら話し込んでもらうようにしています。会議とは違って、『サシで』というところが重要なんです」。

皆が自律型感動人間になる

スーパーホテルならではの「ベンチャー支配人」制度も、型破りな人材育成システムだ。これは、独立自営業者としてスーパーホテルと最短４年の業務委託契約を結び、店舗を運営する制度である。国内の店舗のうち９割以上が、このベンチャー支配人によって運営されているという。

そもそもホテルの支配人になるには、普通は10年、少なくとも5年かけてフロント業務や清掃、リネン、顧客営業などひと通りすべてを経験して、ようやくというのが常識だ。それを、たった50日の研修で、支配人・副支配人として実際の業務に就かせるのだ。

「１００室のホテルでも、８名程度のスタッフは必要です。しかし、１００室のシングルマンションであれば、夫婦２人だけで管理人として回していける。だったら、宿泊だけに特化したホテルであれば夫婦の住み込みだけでやれるじゃないか、というのが最初の発想でした。価格破壊を目指して生産性ばかりを考えていたので、ＩＴ化を徹底すれば２人で十分だと考えたわけです」

しかし、サービス産業は生産性だけでうまくいくものではない。客を感動させてリピーターになってもらわないとサービス産業は成り立たないのである。であれば、支配人は自律型感動人間の最たる者でなくてはならない。

そう考えた山本は、「賃貸マンションの管理人ではなく、これから自分で事業を興したいという意欲のあるベンチャー支配人」を育成し、採用することにした。「自ら事業を興して社長になろうという人間は、自律型感動人間に近い」という確信もあったのだ。もちろん、未経験者を育成する研修システムや、実際の業務に就いて以降のサポート体制も万全に整えた上でのことである。

しかしながら、苦労して育てた支配人が、最短たったの4年でいなくなってしまってもいいのか、という疑問も残るのだが……。

「よく聞かれます。ですが、10年20年勤めても何も成果を残さない人もいますね。それならば、たとえ4年でも素晴らしい成果を生んでくれれば、それがスーパーホテルの財産として蓄積する。そのほうがはるかにいいと思います。ベンチャー支配人でも社員でも、皆が自律型感動人間として育ってくれて、自分の夢を実現してくれたらそれでエエんですよ（笑）」。

スーパーホテル

“変えてよいもの・残すものが見極められる人が頼られる”

○○屋の本質は

本来あるべき姿がぶれないことが、経営リーダーには求められる。

洋服であれば着やすいこと、車であれば運転しやすいこと、住宅であれば住みやすいこと、食べ物ならば美味しいということだ。

例えば、デザインが良くても着にくい洋服というのは困る。スピードは出るが運転しにくい車とか、使いにくい住宅も困る。いわんや飾り付けは良いが美味しくない食べ物は困りものだ。

これをビジネスパーソンに置き換えてみるのは、そう難しくない。

ビジネスパーソンが見極めなくてはならないのは、あなたのビジネスは何であるかということだ。洋服屋なのか、車屋なのか、食べ物屋なのか、住宅屋なのかということだ。「○○屋」というと、古い感じを受けるが、実はここに本質がある。

変えてはいけないものは、○○屋と置き換えた時に明らかになる。これがコアである。一方で変えてよいものは、コア以外のものである。

「おもてなし」という言葉が乱用されているが、料理屋が心のこもった接客をすれば料理は二の次、と誤解されてしまっていないだろうか。

コアが分かれば、生きるものもある

誤解してもらいたくないのは、コアとなる仕事だけをしていればよいということではない。業界・組織の中で生きていくには、何を貫かなければならないかを常に意識するということだ。

いつの日も変わらぬ経営技法に「5S（整理・整頓・清潔・清掃・躾け）」がある。これは企業の大小・業種に関係がなく適用できる経営技法である。そのためか、経営者はこのことを徹底して組織に定着させようとする。

そのこと自体は正しいのだが、実は誤解をしている経営者がいる。それは、5Sをすれば経営成果に結びつくと思い込んでいることである。5Sは手段でしかない。だから、「掃除をしただけで業績が向上するのか？」は的を得ている疑問でもある。

戦略なき5Sは、業績とならない。戦略（方向づけ）があっていきるものである。この戦略を考える時にコアが多いに参考になる。だから、コアを活かすためにどうあるべきかを考えてみるべきなのだ。

どうして変えないか

ホテルに泊まると、気になるのは部屋が清潔かどうかだ。同じホテルに何年も泊まっていると、ちゃんと掃除をしているかを知るには部屋のどこを見ればいいのかが分かる。だから、時々今日の掃除はダメだなと気づくことがある。同じホテルに長年にわたって泊まるのは、そこがよく落ち着いて眠れるからである。

もう一つの理由として、新しい工夫をしているのに気づくということがある。例えば、お風呂のここをこうしたらいいなと何気なく思っているときに、気がつけばやっていることだ。

お客様の数を維持できること

ビジネスをしていると、この客数を維持するということさえできていれば、後は何とか打つ手がある。百貨店などの小売店を見ていると、あまりの客数の少なさに、客の立場であっても不安を感じることがないだろうか。

これは、ビジネスパーソンとしてもちたい目線だ。多分この会社は5年ももたないなという会社のオーナーは、変えてはいけないものを変えてしまっていることがある。

ビジネスセミナーを聞いていると、変わらなくてはいけないの連呼はあるが、変えてはいけないものについてはあまり触れようとしない。

「目標をもて」

「そこに至るまでの手段を考えろ」

「ひたすら努力をしろ」

というのが、ほとんどのビジネスセミナー内容であるが、本当にそうなのかと思う。それよりは、今あるものに磨きをかけていくほうが大切ではと反論したくなる。ただ、これも言うはやすく行うは難しである。

現実の場面では、何かに固執してやってきた人のほうが報われる確率が高い。

サービスの基本はリピートにあり

ホテルのサービスの責任者と話している時に、大切なのはリピートだという話があった。お金を沢山使う海外からのお客様は大切だ。しかしそれ以上に、時々堅実に来ていただけるお客様を増やすことのほうが大事だという。

つまり、常連客をいかに増やすかということだ。

インターネットでの予約は有り難いが、それ以上に「次はいついつ来るよ」と言っていただけるお客様のほうが有り難いのだそうだ。

山本会長によると、スーパーホテルのリピート率の高さは、「小さな不満足をお客様に感じさせないことだ」という。

大満足よりも小さな不満足をお客様にさせない、深い言葉ではないだろうか。

経営リーダーの理念を貫く

サービス業界で大切なのは、経営リーダーが出しているサービスに対する考え方を、下まで貫くことだ。

ただ、経営リーダーの理念は、「日常の感動」、「五感で感じるロハス」という抽象的なものだ。

これを具体化できる人に、経営リーダーは仕事を任せてみたくなる。

そういう人になるためには、経営リーダーが何を言わんとしているかを理解できなければならない。

よくサービス業はマニュアル化により、標準化されたサービスをお客様に提供できると言うが、これは一面的なサービスでしかない。これで不満はなくせるが、感動には至らない。とくに日本のお客様は、非定型的サービスを求める傾向にある。この部分については、社員自らが経営リーダーの理念を受け止めて行動しなければならない。

それができなければお客様に感動していただけない。

感動はリピーターに通じるからだ。

だから、第一線で実際にオペレーションをしている人に理念をかみ砕いて伝えられる人が求められる。

この人材が経営リーダーが仕事を任せてみたくなる人なのだ。

夢を語ることで新時代の公共交通を育てる

―――椋田 昌夫 広島電鉄(株)代表取締役社長

1 サラリーマン生活のスタート

労働組合の洗礼

日本最大の路面電車事業者であり、中・四国地方最大のバス事業者でもある広島電鉄、通称「広電」。2013年からこの会社を率いるのが椋田昌夫である。地元広島大学卒業の1969年に入社した生え抜きだ。

「広島では広島電鉄の名前は有名ですし、潰れることもないだろうしと、入社するときは思っていたんです。ところが、いざ入ってみると社内の雰囲気が悪くて……。びっくりして、下手したら潰れるんじゃないかと思いました。というのは、総評系と同盟系の2つの労働組合が強くて、ストライキも多かったですから」

椋田はバスのダイヤ作成や運転士らを管理する業務課に1年間勤務したのち、労務課に異動、活発に活動する労働組合との折衝を担当することになる。

「最初、驚きました。交渉の場では両方の組合のご機嫌を取ること、バランスを取ることが大変で、会社側の意見はまったく主張できない。私たち事務方が考えた案も、上層部では『こんなことは言われゃせんよ。組合が怒るで』となるんですね。そうしないとまとまらんのだなあ、ということは薄々わかりましたが、これでは会社が成り立たんじゃないかという不安感がありました」

ましてや１９６４年の東京五輪以降、日本でもモータリゼーションが本格化し始めた時代である。１９６７年に始まる東京都電の廃止など、路面電車の斜陽化も進んでいた。

「バスも、私が入社する前までは、走らせればお客さんは乗ってくれていました。ところが私が入社した頃からバスの乗客が減ってくるんですね。そこへもってきてオイルショック（第一次、１９７３年）があって、人件費や物件費がどんどん上がる。そうすると運賃を少々値上げしても追いつかない。このままじゃ会社が危ない。何とか会社を残さんといけん。自分の将来もないですからね。そのためにも、労働組合をひとつにまとめられないかということも含めて、労組と激しい折衝を繰り返しました。現場の運転士たちとも飲みに行って、なるべく彼らの声を聞くようにもしていました」

１９７７年には市内路線バスの運行を管理する部署に異動する。しかしここも労組の影響力が強く、何よりも労組の論理が優先されるような部署だったと言う。ここでも労組のメンバーと飲みに行き、意見を交わすことでいろいろな情報を入手できるようになる。

首切りなしの「リストラ」

1989年には電車部運輸課長。1991年には人事課長に就任する。

その当時、広島市で行われる1994年開催の広島アジア競技大会に向けて、市街地とメイン会場を結ぶ新交通システム「アストラムライン」の開業が決まっていた。そのため、ルートが重なるバス路線の廃止と、それに伴う運転士の削減が課題となっていた。しかし、アストラムラインが走るルートは、広島電鉄バス部門のいちばんの稼ぎ頭路線でもあったのだ。

「実際に、約80人の運転士が不要になったのですが、開業の前日までは必要なわけです。毎年定年などで50~60人は入れ替わっていましたが、半年とか1年以内に辞める人数と調整するのは難しい。バス路線の維持と収支を考えると、採用を抑えて欠員状態でやり繰りするしかないが、バスは毎日運行ですから、現場の営業所や労働組合からは『補充してもらわないとバスが動かせない。欠車が出る』という声が上がりました」

椋田は、「このままだと人員整理をしなくてはならなくなる」ことを労組にも説明し、新規の正社員の採用をやめることにした。首切りせずに解決するにはそれしかなかったのだ。

その代わりに、「3年間真面目に勤めてくれたら正社員に登用する」という、それまでになかった嘱託制度を採用する。さらに、定年延長で2、3年臨時嘱託という形で運転士を残すことにして、「あとは現場の工夫で何とかしてくれ」という提案をした。

「労組は、『運転士は正社員じゃなきゃいかんだろう』と言ってくる。それでも新規採用はしませんでした。そのとき、複数の取締役から『採用の必要があるのでは』と言ってきたので、私は当時の奥窪社長に直談判しました。いろいろと突拍子もないことをやる奴だと嫌われていたと思いますが、意外に『お前の好きなようにやれ』と言ってくれたんです」

❷ 偉大な先輩の存在

路面電車を守り、本業に立ち戻る

椋田に多大な影響を与えた人物が、広島電鉄には2人いる。

そのひとりが奥窪央雄（1989年、社長就任）。「路面電車不要論」が潮流となっていた時代に路面電車を残すことに尽力した人物である。

1960年代後半から、渋滞を生む原因だとして全国的に路面電車が廃止されていく流れの中で、1971年に広島電鉄は路面電車存続へ方針を転換する。その際、「代替交通機関が決まらないまま路面電車を廃止したら、中心街のさらなる交通環境の悪化を引き起こす。公共交通機関として無責任である」と主張したのが、当時電車部長だった奥窪だった。奥窪は広島県警と交渉し、電車軌道敷内への自動車進入禁止を再開させる。

もともと道路交通法では路面電車軌道敷内を自動車が通行することを禁止している。しかし広島県では、交通渋滞の緩和のためとして1963年にこれを部分解除。結果、電車の定時運行に重大な支障をきたし、廃止の声につながっていたのである。

同時に奥窪は、車両の大型化やワンマンカー化、他都市で不要になった中古車両の導入など、さまざまな合理化も進めた。

電車のワンマンカー化の際には、労務課にいた椋田も担当者として関わっていた。

「すごい人だなと思いました。でも奥窪さんとは、3時間4時間にも及ぶ言い争いを何度もしたものです。例えば、奥窪さんが専務のとき、2階建てバスを導入する話があった。私は『コストが合わないから導入しない』と反対。2階建てバスは外国製しかなく高価な上、燃料費もかかる、運行制約も多いと説明しました。すると『それをどうやって商売するかを考えろ』と言われ、『赤字になるのが分かっているので買いません』と言うと、奥窪さんは『お前、やる気がないいんか』と怒るので、『だったら2階建てバスのコストは宣伝広告費として、収支には一切クレームをつけんと一筆書いてくれ』と言いました。奥窪さんは『わしは書かん』とおっしゃり、私は頭にきて『だったら2階建てバスは買わん』と捨て台詞を投げて部屋を出たのです（笑）」

週休2日制導入のときにも、椋田は奥窪とひと悶着あったそうだ。

週休2日制に移行すると、コスト面の見直しも必要になる。コストをかけずに休めるように、ということで労組とも交渉。4週に1回週休2日にして、月に1日分のダイヤを組み替える、もしくは削減するという方法で対処することになった。

「労務にいた私が関連する計数を作成したのですが、当時の労務担当役員が数字に詳しくなかった。その役員が役員会で説明したのですが、納得してもらえず、奥窪さんが労務の事務局に怒鳴り込んできました。こっちもまだ25、26歳で若かったので、黒板にワーッと数字を書き出して『これで間違っとりますか。これでもわかりませんか』とやった。すると、『お前の言うことはわかったが、ワシのことを「バカ」言う前に、お前の上司にちゃんと勉強させとけ。あれはわかっとらんぞ！』と奥窪さん。どうやら、黒板に数字を書き終わったところで、私の口癖なんですが『バカか……』とつぶやいてしまっていたらしいんですね。あとで労務の役員に説明したら、やっぱりわかっていなかった（笑）」

労組と結ぶ協定書も椋田が作成していたので、その内容についてもよく言い合いをしたそうだ。「こんなことを書いたら、あとで会社の不利になる」「そうは言っても、ウソを書くわけにはいかんでしょう。信用がなくなる」といった具合。椋田は「こいつは平気で上にも逆らう」という、「いわばお墨付きだった」のである。

人事課長に続いて総務課長も務めた椋田は、その当時を「商法改正があった頃で、世の中もどんどん変わっていた」と振り返る。主な改正だけでも、1990年、93年、94年と続いた時代だった。

「面白いと思ったのは、どんどん変わるからベテランが通用しなくなるんです。グローバルスタンダードで一気に変わりましたからね。奥窪さんには、『労働法は勉強せんでいい。お前がおると労務担当の役員や部長が委縮してしまうから、労務や労組には一切口出しせず、商法を勉強せい』と指示されました」

奥窪が社長を務めていた1990年代前半にバブル崩壊が起こる。広島でも従来のやり方が通用しなくなっていた1995年、椋田はグループ各社の整理をするための「関連会社調整課」の課長に就任する。

「奥窪さんに言われたのは、他人に頼まず自分でする、報告は奥窪さんにだけすればいい、関連会社のデータおよび役員クラス全員を調査する、問題点は全部指摘する、ということでした。本業回帰、原点を大事にする人でしたから、ド素人が新規事業をやってもうまくいかん。

それより公共交通の会社としての足元をしっかりさせようとしたんでしょう。お互いに素直じゃないので、すぐに言い合いになるんですが、仕事は任せてもらいました。閉じた会社もいくつかありましたが、よく鍛えてもらったと思います」

広電グループを再構築

1996年には、椋田に大きな影響を与えたもうひとり、大田哲哉が社長に就任する。

「大田さんは引継ぎのときに、『椋田には気をつけろ。何するかわからん』と奥窪さんに言われたそうです。大田さんには『信用されてないのに、よう仕事するなあ』と言われました(笑)。最初は探り合いでしたが、1997年、広電タクシーの件を処理したときに『素直じゃないが、仕事はちゃんとやる』と信頼してもらえた。私も『面白いことをやる人だ』と感じました」

椋田は1997年に総務部次長になるが、そのときに労使間で揉めていた広電タクシーをM&Aで譲渡し、タクシー事業からの撤退をまとめ上げたのだ。大田は椋田の判断を全面的に支持し、「腹を決めてやれ」とゴーサインを出したという。

「でも、もともとは大田さんとは水と油で、私はあまり好きじゃなかった。総評系と同盟系、2つ労組があったと言いましたが、大田さんは同盟系。私は、『労組統一』の意識は総評系にしかなかったので、主に総評系と統一話を進めていた。ところが、同盟系の参謀の大田さんが切り崩しにかかってくる。随分と足を引っ張ってくれました（笑）」

タクシー事業の最終整理をしていた頃、椋田は大田に「映画を観に行ってこい」と言われる。仕事中に何のことかといぶかったが、『スーパーの女』(1)を観て勉強してこい、ということだった。

「次に流通部門である広電ストアを何とかしろ、ということだったんですね。その後、大田さんから『社長として』という話だったのを、『赤字会社の社長はしない。黒字になったらやってもエエが、赤字のときは社長はアンタじゃなきゃいけん』と大田さんに言って、専務にしてもらいました。一切口出しはしないという保証の意味で『社長』だったのでしょうが、銀行で融資を受ける際に、本社の社長が兼任しているほうが担保価値も上がりますからね。それでも『代表権はつけてやるよ』と言ってくれました」。

もちろん、何をやるにしても、いったん自分で決めたことには「責任を取る」覚悟は常にできていた。とはいえ、流通に関しては問題をどう解決すればいいのかわからなかった。家族からは「断ったほうがいい。商売をしたこともない者には無理だ」と言われたという。

「サラリーマンというのは辞令を断るときは辞めるときなんじゃ。じゃけぇ、今辞めるのも失敗して辞めるのも一緒じゃ、と言いましたね。ただ、ウチの会社で責任取って辞めた人間は一人もおらんから、辞めんでもすむかな、とも思いましたけど（笑）」

しかし、いざ行ってみると、そこは改革には程遠い状況だった。従来のやり方では立て直しは無理だと判断した椋田は、社員全員に収支を全部さらけ出すことにした。6回くらい説明会を開き、次のように申し渡すのである。

「この調子だと、この会社は潰れる。辞めたい人は、今なら本社に掛け合って退職金も全部払う。けれども、あと3カ月したら、会社の実態に合わせた給料と退職金の制度に変える」

弁護士に相談した社員もいたが、ここまで内情を説明した上での会社側の判断には勝てないということだった。結局、労組側も提案を飲むことになる。

3カ月後、退職金は半額。給料は、平社員は下げないが、部長・課長などは全員いったん平社員に降格することにした。その上で、「やる気のある人は手を挙げてくれ」という形を取ったのだ。

「広電ストアの社長は『そんな無茶やって、できるんか』と言う。でも、『これでダメなら会社を閉じるしかない』と言って進めました。役員や部長連中は『できるもんなら、やってみろ』という感じで、軒並み辞めていきましたね。私は腹を決めていたので、若い連中に『どうするや』と聞くと、彼らは『やってみます』と言う。そうすると、結構回り始めたんです」

（1）スーパー大好きの主婦が経営不振のスーパーマーケットを立て直していくというサクセスストーリーの映画（1996　東宝）

椋田が流通部門に乗り込んだのが1998年。2002年には営業黒字を出すまでに回復させるのである。

❸ 社長への対応、部下への対応

社長の考えをいち早く察知

流通部門を立て直して「子会社のトップになって一丁上がり、でもいいな」と思っていた椋田だったが、取締役M・S（マネジメント・サポート）カンパニープレジデントとして、2003年に本社復帰することになる。

子会社では全面的に任せられていたので、少々勝手をやっても平気だったが、本社に戻るとさすがにそうはいかない。復帰後の2、3年は、大田との信頼関係も完全とは言えなかったそうだ。

「大きな組織ですから、取締役といっても、社長の本心・本音がどこにあるかを探っておかないといけない。そうしないと、自分の部下に無駄な作業をさせることになってしまいます。私の若い頃の上層部は、労組と会社を両方見ながらなので方針が立たない。方針がないと仕事の範囲がものすごく広がってしまう。そのつらさを経験したので、部下にはそんな思いはさせたくありませんでした」

椋田は、たとえ言い争いになろうとも、社長として大田が何を考え何を嫌っているかをいち早く察知するようにしていた。

「そのためには、ケンカして怒らせたほうがいい。人間は怒ったときに隠している本音が出ますからね。怒るポイントがわかるので、そこさえカバーすれば、言葉は悪いがあとはごまかせます。そして言いたいことは何度怒られても言いに行く。一度目は聞いてくれない。それが二度目、三度目となるとやっと聞いてくれる。そこで初めて詳しく説明するんです」

その議論の中で、「社長はこっちにも何か色気があるな」という感触があれば、それも準備させておくことが大事だと言う。第一案がうまくいかないときに、「どうしてもだめなら、こういう方法もある」ともっていく。「いつまでに具体案が出せるか」と言われても、準備しておけば「2、3日で」と返せる。すると、OKとなる場合が多いのだ。

「大田さんが会議で困ったら私の顔を見る。こっちは知らん顔。つまり、私が困った顔さえしていなければ、『あとでこいつが何とかしてくれるだろう』という信頼感なんです。2、3年の間にそういう信頼関係はできたんだろうと思います」

それ以降、大田は一切口を出さず、椋田に「任せた」という雰囲気になったと言う。契約社員の正社員化に伴う賃金体系の抜本的改革や、職種別賃金制度、新退職金制度、定年延長など、椋田が陣頭指揮を執って行った制度改革は数多い。

「外の人から『大田さん、思い切ってようやったね』と言われたらしいんですね。『ワシに黙ってやったろうが』『ちゃんと言うたでしょうが！』『いや、聞いちゃおらん！』というやり取りがよくありました。そんな感じなので、大田さんに飲みに誘われてもまず断りましたね。自分の金で飲んだほうが気分いいですから。お誘いが4回5回にもなると仕方なく付き合いますが、2人で飲むとどちらも結構はっきり言うので、仕事では信頼していても、あまり、ね（笑）」

もちろん、人前で大田に逆らうような態度は、椋田は絶対にしない。大田も「生意気な割には礼儀はわきまえとるな」と褒めていたそうだ。その代わり、2人だけのときはガンガンやる。社長室のドアが震えるくらいになったこともあったとか。

「社長室で意見を言うときは、『辞めろ』と言われれば『すぐに辞めてやる』という気持ちでいた」と言う椋田は、課長になった頃くらいから、いつも辞表を持って仕事をしていた。

「実印を押して日にちだけ空けて、字のうまい先輩に書いてもらって……。本社に復帰した頃から辞表を胸に、というのはさすがにやめましたが、全部で7回くらい辞表を出したと思います。破られたのが3回、突き返されたのが2回。後はうやむやにされたかな（笑）」

部下へ配慮すべきことは

「社長になりたいというよりも、自分で考えて決めたとおりの仕事をしたいという思いのほうが強かった」椋田は、「自分で決断ができる決定権を持った立場の人間にはなりたい」と思っていた。自分が信じたことはどうしても一度はやってみたい。もう少し環境を整えて、仲間や理解者ができるまでは待とうという辛抱はできるが、何もせずに完全に忘れてしまうことはできなかったからである。

「だから非常に扱いにくい、変わった社員だったんだろうと思います。上司とソリが合うこともほとんどない。黙っていればいいのに、つい意見を言ったり、指摘したり、おまけに『なんで、こうしちゃいけんのですか』と食って掛かる。だから歴代の上司の中で『こいつ、面白い』と言ってもらえた人は、奥窪さんや大田さんを含めても何人かしかいません。でも、要所要所でそういう人に出会えたので、ある意味では上司や仲間に恵まれたのかもしれませんね」

特に若い頃は、自分ひとりで決めて部下には指示を出すだけ、といったこともあったと言うが、「方針がしっかりしていないと部下が苦労する」という確信がある。

「私の部長時代で言えば、先ほども言った『自分が権限を持って仕事をしたい』という思いがありましたから、立場上の苦しさはなかった。ただ、方針を見つけるまでが苦しかった。『これで行こう』という道筋、自分の方向づけがはっきりしないと、部下を迷わせることになります。毎日何の目的もなしに、いつ終わるかわからん仕事をさせられると、それはしんどいだろうなと思います。私自身がそんな仕事は嫌でしたから」

逆に言えば、部長の最大の仕事は「方針を明確に打ち出して、皆をそちらに向けてやること」だと言う。

「方針に迷いがあるときに、それを隠すのがいちばんつらいかもしれません。迷いがなければ、『いいからこれでやれ。失敗したら俺が責任取るから』と言える。そうなればつらくも苦しくもなく、むしろ楽しくなるものです」

4 広島電鉄のこれからの在り方

レガシーを踏まえて変革に挑む

広島電鉄は、2012年に電車開業100周年を迎え、2015年には被爆70年の節目も迎えた。そんな今だからこそ、椋田は社員たちに昔のことをよく話すそうだ。

2015年8月にNHKで全国放送された『一番電車が走った』というドラマがある。広島電鉄が1943年に開校し、1945年に閉校した「広島電鉄家政女学校」の女学生と、電車の復旧に尽力した広電の社員を中心にした物語である。

「被爆後わずか3日で一部区間の運行を再開した社員や女学生の頑張り。協力してくれた多くの市民がいたこと。広電の路面電車にはそういう歴史があることを、社員にまず知ってもらいたい。そして、公共交通事業者として、地域とともに何をやっていくべきかを考えてほしいと思っています。被爆電車も650形が2両、現役として走っている。この電車が残っている意味も、われわれは発信し続けていかにゃならんのです」

さらに、奥窪や大田をはじめとした、今日の広島電鉄の基礎を築いた先人たちも忘れてはならないと椋田は言う。

「奥窪さんが土台をつくられて、大田さんが思い切った改革をされて、非常にいい会社になったと思うんです。懸案だった労使関係もよくなりましたし」

しかしながら、大田のあとを受けて越智秀信が社長になった約2年半(2010~2013)、社内がガタついたことも課題として念頭に置いている。

2013年1月8日付日本経済新聞に、次のような記事が掲載された。

「広島電鉄は8日、椋田昌夫専務が8日付で社長に昇格したと発表した。同日の取締役会で前社長の越智秀信氏は解任され、取締役に降格した。広電は『(越智氏の)独断的な業務執行により、正当な業務に支障をきたしたため』としている。越智氏は国土交通省出身で、約2年半前に広電社長に就いた。ＪＲ広島駅前に広電が乗り入れる新線の整備計画を推進し、老朽化車両の更新投資のための運賃引き上げも表明した。ただＪＲ駅前への乗り入れ方法で社内で意見対立があり、経営手法に対する異論もくすぶっていたとみられる。（後略）」

この状況になったことについて、椋田は「なぜこうなったのか。ウチの会社の最大の欠点は何だろうか」と、考えを巡らせたと言う。

「奥窪さんも大田さんも、ものすごい人です。カリスマ性もリーダーシップも決断力も兼ね備えていた。その半面、社員が指示待ちになってしまった。指示された範囲内ではとても優秀なんですが、自分で考えたり決めたりすることが苦手になってしまったんですね。それでは世の中の変化についていけないと、つくづく感じました」

社長になって皆を引っ張っていかなくてはならなくなったときに椋田が考えたのは、今までと正反対にするのがいちばん簡単かな、というものだった。

「奥窪さんや大田さんはトップダウンでしたから、私もその流れで基本はトップダウンなんです。その分、自分で責任は取る覚悟があるのですが、それでは下が育たない。だから今は、気がついたことを言いたいけれども言わない。気づいて言ってきてくれるのを待つわけです。しびれを切らして『何か言い忘れちゃおらんか』などと言ってしまうこともありますが、今では実務に関しては口出しする必要はなくなってきた気がしますね」

夢を夢で終わらせないために

例えば、路線の廃止や縮小が珍しくない路線バス。

北海道の十勝バスの社長が、「バスが使われない理由」についてアンケートを取って調べたそうだ。便数が減ったりして「不便だから」なのかと思いきや、「不安だから」という理由が圧倒的だった。つまりバスの運行についてのことが「わかりにくい」ということだ。

バス停に行っても行先と時刻表しかない。どこを通るかルートもわからない。老年層の場合は、バスのどこから乗って、どこで運賃を払うのかもわからない。すべてが不安なのだ。

「まず、バスがどこを走っているかわかるようにする。乗り継ぎの場所や路線図などもわかりやすくつくり直す。路面電車では早くから導入していたのですが、バスについても広島県内の交通事業者複数社が共同でロケーションシステムを導入しました」

観光客のためのフリー切符も充実させている。被爆関連施設などを周遊できる電車・バス1日乗車券の「広島ピースパス」や、3日間有効の訪日外国人観光客周遊乗車券「Visit Hiroshima Tourist Pass」などだ。

「電車とバスは6社が乗り放題。インバウンド向けを3日間にしたのは、広島は日帰り観光客が多いので、1泊だけでもしてもらおうという狙いです」

「社長になるつもりはなかった」椋田だが、社長になった以上は、このような方向性を夢として社員全員に語ることが大事だと考えている。

「モータリゼーションが進む中で、奥窪さんが必死になって路面電車を残した。こういう努力があったからこそ今があるのだから、今度は、われわれが広島という地域に対して何ができるかを考えなくてはいかん。それこそが公共交通の再編成なんです。県や市はそういうことが苦手なんで、一緒になって取り組まなくてはならない」

２０２５年頃には、駅前大橋を通って広島駅ビルに直結する新線が開通する予定だ。

「これで雰囲気がガラッと変わると思います。そのときに、昔ながらの、バス会社はバス会社、電車会社は電車会社といった縄張り意識でやっていたら、公共交通は不要だと言われてしまうというのが、私の持論です。地域の変化や高齢化など、新しい時代に合った公共交通に変わる。それしか地域貢献の方法はないんだよと、皆に訴えています。このような10年後の将来は、社長である私が責任を持って考える。でも、20年後の夢は、今の若い人たちに大いに語ってほしいと思っています」

広島電鉄

〝バックアップを生かし自分を大きく見せることができる人が頼られる〟

組織は思うとおりに動かない

組織は一人の力では動かない。それは社長であっても例外ではない。

そこで、人の力を借りることとなる。自分の思いどおりに人を動かそうとするとき、二つの方法がある。

一つは「○○してください」とストレートに言うもの、もう一つは「会社の方針（上司の意見）で○○してください」というものである。

この二つでは、後者のほうが人を動かす力がある。それは、前者よりも後者のほうが組織圧力が人にかかり、大きく見えるからだ。

「あの人のためなら何でもやる」と言う人がいるが、そんなものはあてにならない。組織を代表している人の意見に従うというのならあてになる。

だから、組織を動かそうと思うなら、組織を活用することだ。自分を大きく見せるためには、自分の後ろ盾を大きく見せることだ。さらにそれを徹底しようと思うのであれば、組織(上司)が自分を支持・支援していることを強力に打ち出し、影響力を行使しようとする相手にそのことを理解させることだ。

上司・社長の代弁は意味がない

だからといって、

「上司が言った」

「社長が言っていた」

と言うのでは意味がない。そうではなく上司や社長があなたの意見を参考にしたり、従ったということをごく自然に見せることが必要だ。つまり、組織のバックアップがあるように見せかけて、人を動かすことだ。

仕事を自分の判断でやってうまくいかないと、「あいつは独断でやってしまった」と言われてしまう。

ところが、何かにつけて上司や社長に話していると、仮にうまくいかなくても何となく相談されたほうの責任ということになる。

“こう思っている”をやってみる

上司や社長とよく話すことにより、多分この人はこう考えているのではないかということが想像できる。そして、こうして欲しいと思っていることを行うのであるから、仮に思ったようにならなくても文句を言われることはない。

忘れてならないのは、社長がやりたいと考えている以上の動きを組織はしないということだ。もちろん組織も暴走して社長が考えている以上の動きをすることがある。しかし、それは例外と考えておいたほうがよいだろう。

よく社長の片腕、No.2という言葉を使うが、これは社長の思うことを理解し、それをやることができる人を言う。いつも社長の言うことを聞いているだけの人のことではない。

多くの組織を見てきたが、No.2といえる人材にはあまり会うことができなかった。それどころか「うちの社長の考えが分からない」と言う人もいる。そんな人に限って、社長の方針を理解していないことが多い。

社長の方針も分からないで何をしているのだろうと疑いたくなる。

これは、社長が悪い場合もあるが、それ以上に要となる人が社長の方針を部下に理解させていないためであることが多い。

私の上司は、私以上にその上司にも言っている

リーダーシップは、下の人をいかに動かすかと思われていることがあるが、実はそうではない。指示命令された部下が見ているのは、上司とその上の上司との関係だ。

私の上司は私には指示するが、上司の上司にはあまり意見が言えないとなると、その上司に従いたくないと思うのはごく自然の流れだろう。

これに対し、私の上司は私には指示するがそれ以上に上司の上司にも意見を言えるとなると、これはついて行ってもよさそうだと思ってしまう。

だから、下の人や部下を動かそうと思うのなら、それ以上に上司を動かせる人物でなくては困るのだ。

ところが、多くのリーダーは下には言うが、上には言おうとはしない。そうであれば部下がついてこないのは、自業自得と思えばよい。それにもかかわらず、「部下は言うことを聞かない」というレベルの話をしていたのでは組織を動かす人材とはなれない。

自分の部下に方針さえ伝えられない上司がいる組織が動くはずはない。このことに気がつかない人が多いのは残念なことだ。

地域を愛せる人材

全国を回っていると、その地域にしっかり根を下ろし、地域と共に発展・共存共栄している会社は多い。しかし、マスコミではこのことについては触れようとしない。

東日本大震災のときに、1週間もたたないうちに被災地にいるお客様を回り、お客様と共に復興しようとした地元の会社を見てきたが、これが案外知られていない。

なぜか芸能人の炊き出しや大企業のトップの投資などが話題となる。

広島に行くと落ち着くのは、あの広電が動いているのを見ると、まさに地域の人と一緒に生きていることを感じることができるからだ。不思議な街だと思う。

地元で有名企業であっても、それで慢心するでもなく、地域に根ざした活動をしていくことは難しいことではないだろうか。

地方企業で求めているのは、グローバルな首都圏のやり方を理解しながらも、その地方の独特なやり方を打ち出せる人材だ。

そして、上層部と一般社員の間にあって双方に思いのたけを発言できる人材である。

つまり、上と下を動かせる人材である。その人たちが地元企業を大きく動かす原動力となるのではないだろうか。

「仕組み」を押し立てた理詰めの改革

――松井 忠三 (株)良品計画前会長

1 どん底からのV字回復

「セゾンの文化」からの脱却

西友のプライベートブランドとして「無印良品」が誕生したのが1980年のこと。その後1989年に「良品計画」として独立し、順調に成長を続けるが、2001年2月期には減益に転じる。同年8月の中間期には38億円の赤字に陥り、翌年の2月期には当期利益がほぼゼロ。株価も急落し、時価総額4900億円から770億円にまで落ち込む。つまり、わずか1年で実に4130億円もの企業価値を失ったのだ。

そのさなかに社長に就任し、大胆な方策でV字回復を先導したのが松井忠三である。

「リストラは、基本的には1回限りだと思います。リストラ自体が疲弊をもたらすからです。それでも、出血をとにかく止めるために不採算店舗を閉鎖しました。フランスでは店舗の半分以上、国内の店舗も1割以上閉めました。フランスでは人員整理もやった。不良在庫も、売価で100億円分くらい焼却処分しました」

焼却には松井も立ち会い、それらの商品を企画したマーチャンダイザーも連れていった。一度も客の手に渡らぬまま灰になっていく商品を見るのは、担当者としてはつらいことだったに違いない。しかし松井は、「現実を見ておいてもらわなくてはいけないと思った」と言う。

リストラで会社が立ち直るわけではないことは、松井は十分に承知していた。したがって「リストラは1回限り」とし、その代わり「負けた構造から」「勝つ構造」につくり変えなければならないと考えたのだ。

「『勝つ構造』をつくるには、負けた根本原因を直していく必要があります。その根本原因を、当時の『セゾンの文化』つまり『社風』だと考えたのです。われわれが育った企業文化が、無印良品の経営を挫折させていく大きな要因だった」

セゾンの大きな特徴は、「文化と感性」。詩人、作家でもある堤清二というオーナーがつくり上げたのがセゾングループである。

日本にまだ入っていない、ヨーロッパやアメリカの新しいブランドを数多く輸入したのが西武百貨店だった。

「西武百貨店を売上日本一にしたのは、まぎれもなく堤清二の『文化と感性』であり、彼の類まれなるマーケッターとしての能力です。けれども文化や感性が強すぎて、反対に、科学的にオペレーションするという価値観は少なかった」

背中を見て育つ文化＝経験主義の弊害もあった。西武百貨店や西友はほとんど人事異動のない会社で、たまたま配属された部署で係長になり、課長、部長となり、子会社に出向して役員になったりして、そのまま定年というパターンが多かったそうだ。

「例えば、販売に入り、15年くらいたつと係長クラスになります。そして冷夏や暖冬といった気候変動に対しても、経験をよりどころとしてオペレーションを組み立てていく。『暖冬対策を間違えた』と、やり方や対策に原因を求めてしまうのも、経験主義がはびこっていたからです。暖冬でも売上を伸ばしている会社もあるのだから、経験や勘だけに頼らずに、つくる仕組み、売る仕組みを確立することが重要です。経験や勘に頼っていると、その人がいなくなったときに、当然ながら経営の知識や経験がなくなってしまいます。ですから、『経験主義』で組織運営をするのは本当に難しいのです」

また、セゾンには企画中心の考えがまかり通っていて、「当時の文化は、計画95％、実行5％」だった。そうした背景から、まず分厚い企画書を堤清二に提示しないといけない。そして、それができる人が出世していく。

しかしその一方、現実に起きている問題点を経営の課題として改善しようとしないため、本質的な手が打てない。分厚い企画書には実行できるようなことは書いてない。そのために「足腰がものすごく弱い会社」になってしまったと言うのだ。

「例えば、イトーヨーカドーさんのグループは実行力がありました。イトーヨーカドーもセブン－イレブンも、毎週金曜日に販促が変わるんです。すべてのチラシやＰＯＰが全店でガラッと変わる。ところが、わが方は１カ月経っても何も徹底されない。これが『実行力のある』組織と、それがない組織の大きな差です。私は、セゾングループがなくなった大きな原因はこれだと思いました。だから正反対にしたんですね。計画５％、実行95％。『セゾンの常識は良品計画の非常識。良品計画の常識はセゾンの非常識』と、『社風』を根本から変えないと再生する道はないと確信しました。そこから変わり始めたのです」

組織の課題

組織の成長と経営は、かなりリンクする。だから、成長に合わせて経営を変えていかなければならないと松井は言う。

課題としてまず挙げるのは、「すべて〝人〟の責任にする」のをやめること。

「営業本部長をしていたときに、ある店舗の売上が悪かったので課長に『なぜだ』と聞きました。すると『店長が悪い』、つまり人災だという答えが返ってくる。びっくりしましたね

（笑）。競合他社との闘いが『店長で決まる』なんて、これほど幼い組織はありません。１人の責任にすると、そこから考えが進みません。店長の責任で売上に影響するのは３～４％くらいはありますが、要は会社の総力の闘いです。人のせいにしていては、永遠に本質には迫れません」

次に、「経験主義」を排して「仕組み」をつくること。

「繰り返しになりますが、それぞれの頭の中にバラバラにある経験だけでは、ライバルに勝てません。一人ひとりは弱くても、バラバラだったものをまとめて１本にして勝つための『仕組み』をつくってしまえば、勝てるわけです。お客さんに満足してもらえて、ライバルにも勝てる商品をつくる。それで十分に戦える。そうなると自動的に『標準化』の道を歩みますから、仕組みが積み重なっていく。そして、後ほどお話しするマニュアルなどで仕組みが『見える』ようになれば、問題点も見えてくる。そうなると、だいたい8割は解決していくんですね」

さらに、「社風」を変えること。

「考え方を変えていかないと、企業は１００年続きません。社風というのは、その企業にとっての独自の価値観ですが、全社、全社員で考えて、変え続けていく。社風を変えなければいけないと気づいたときに、再生の道を歩み出すのです」

❷「仕組み化」と「見える化」

商品開発の仕組みを変える

経営の変革として具体的に最初にやったことは、「仕組み化」と「見える化」だ。どん底状態のときでも「販売なくしてビジネスなし」という考えのもと、売上を引っ張り上げて、それに商品開発を付随させる形で無理やり商品開発を進めていた。

「1000坪という大きな店舗までできて、この手法が頓挫します。業績不振になっていく大きな要因でもあった。そこで、商品開発の方法を変え、『World MUJI』『Found MUJI』という概念を出していきます」

2003年、無印良品が海外で生まれたらどんなものになるのかというコンセプトで、イタリアやドイツなどの一流デザイナーと共同で商品を開発する「World MUJI」プロジェクトがスタートする。同時に、世界各地の生活に根差した優れた日用品を発掘し、無印良品の考え方でアレンジして商品化する「Found MUJI」プロジェクトも始めた。これらのプロジェクトから700もの商品が生み出され、2006年には売上の20%を占めるまでに成長したのだ。

「こういったコンセプトで無印の商品にするには、開発に関する情報を得なければならない。そこで、商品開発する会社をつくってどんどん海外に出ていきました。例えば、生活雑貨の開発をどうするか。世界を代表するクリエイター、巨匠と仕事をします。イタリアのデザイナーと仕事をすると、椅子にしても極めてシンプルだけれど、しっかりした強度のものができる。彼らと仕事をすると、それをつくれる工場や取引先を情報として持っていますから、できるわけです」

ただし、巨匠たちの名前を冠すると価格が5倍くらいになってしまう。それを抑えるために、つくった人の名前は出さないで商品化する、という苦労もあるそうだ。

商品開発の方法を変えて生み出したヒット商品として、Found MUJIが2006年に出した「足なり直角靴下」がある。足部と下腿部の角度が、普通は120度だが、それを直角にしたもの。これはチェコ駐在員の日本人の奥さんからヒントをもらったものだ。

「無農薬の綿や羊毛をつくるという場合、商社ルートで証明書をもらってやっていたが、全部『生産者と直で』やる。そうすると、無農薬でやっているかどうかが本当にわかる。そこまで商品開発にこだわることで、2、3年で業績が復活するんです」

他社に学んで業務や構造を変える

2004年には右肩上がりに業績が復活し始める。時を同じく人事制度にも手を入れるべく、松井は、手厚かった福利厚生費の一部を直接人件費に振り替えることにした。働きに応じて配分しようという意図である。一見、福利厚生費が削られたように見えるが、人件費総額が変わったわけではない。

「ところが、労働組合の委員長が私のところに『こんなに業績がいいのに、なぜ福利厚生費を削るんだ』と言ってくる（笑）。私は瞬間的に『経営の危機が来た』と思うわけです。なぜなら、業績がいいときにこそ企業をおかしくする芽が出てくるものだからです。それに気づけるかどうかは、結構大事なことなんですね」

労組委員長の言葉は、社員皆の思いでもある。つまり、業績回復に浮かれてしまって、警鐘を鳴らす人がいなくなったということ。

「そこで、さらなる業務構造の改革に着手します。売上高に対する販売管理費を、34％から30％まで落とそうとしました。2年半で30・5％まで落として、年間で54億円のコスト削減になりました」

ただ、構造改革といっても、社内の人間が社内の論理を持ち寄って議論するだけでは何も変わらない、と松井は言う。

「私が社外取締役をやっているある銀行の役員会議でも、40分くらいすると議論が尽きちゃう。出てくる結論も、とても一流銀行の役員とは思えない平凡なものだったりする。同じ業種で育った人間ばかりだと知恵が出ないんです。だから、知恵を出すには外の世界を見に行かないとダメ。異業種で勉強しなくてはダメなんですね」

例えば、タグシール＝値札について松井が「しまむら」の専務に尋ねると、「値札は3種類しかない」という答えだった。5000億円売上げている会社の値札が3種類。無印にはそのとき203種類あった。しかし、社員の反応は「しまむらは衣料品だけ。無印は鉛筆からベッドまで売っているから、決して多くはない」というものだった。

「これでは改革は進まない。壁に貼り出して、『いる、いらない』を全種類問いかけました。すると、すぐに97種類に減った。半分にはすぐになる。取引先も27社から2社になり、値札にかかるコストは年間5億円から2億5000万円に減りました」

つまり「外から新しい発想を持ってくれば構造は変えられる」ということだ。ところが、他社で学ぼうと見学に行かせても、「勉強になりました」と言うだけで終わり。誰も自分の行動にはつなげない。そこで松井は、しまむらの社長に社外取締役に就任してもらう。すると役員の交流が始まる。例えば物流の役員と、部長、課長が懇親会をやり出す。

「実務は課長ですから、しまむらの在庫はどうなっているのかを見に行かせる。『ほぼ在庫がない』と言うので、それがなぜかを学んでくる。他社から学んだり情報を得たり、ヒントをもらったりというのは、仕組みとして強制しないと進まないのです」

出店の方法もわかりやすく数値化して「見える」ようにした。まず、売上にかかわる要因を、小売り販売額や人口1人あたり販売額など、25項目挙げる。ちょっと変わったところでは所得格差があり、日本全国で平均すると100になる指数がある。いちばん高いのは東京で、170〜180。低いのは沖縄で60くらい。

「この所得指数と無印の売上の相関関係が高い、とわかってくる。そういうところに重点的に出店したほうがいいとなります。そうやって点数化して、出店するかどうかの判断基準にする。『失敗しない出店の仕組み』に変えないとダメだということです」

③ 実行してこそ生きる「見える化」「仕組み化」

業務のマニュアル化

松井が営業本部長のときのこと。新店舗のオープンにあたって、前日に確認に行く。売り場はちゃんとできているので、「よし、明日開店できるな」とひと安心——。

「ところが、新店舗オープンの応援に行っているベテランが直しを入れてしまうんです。それも経験主義だから、100人いれば100通りの売り場づくりがある。それでは困るので、統一しようということで、『MUJI GRAM（店舗業務マニュアル）』ができた。全部で13冊、2000ページあります」

13冊の内訳は、1売り場に立つ前に、2店内業務（レジ）、3店内業務（承り）、4配送、5売り場作り、6商品管理、7後方業務・経理、8労務管理、9危機管理、10出店準備、11店舗マネジメント、12店舗システム、13ファイリング。

ところが、この「マニュアルをつくる」という松井の考えに、部下である7人の営業課長は全員反対。「ロボットをつくるのか。創造性がなくなってしまう」というのがその理由だった。

「能の世界で『型破り』と『形無し』という言葉があります。基礎がしっかりできていて、その上で型やしがらみを打ち破ることが型破り。一方、基礎も何もできていないのに、あれこれやることが形無し。形の無いところでは創造性は存在しないのです。ところが、セゾングループでは『形無しを創造性だ』と勘違いしていたんですね。しかし、そう思っている日本の企業は今でも多い。スポーツでも芸術でも、基本があって初めて伸びることができる。だからこそ、基本のマニュアルが必要になるんです」。

結局、反対していた7人の課長が中心となってMUJI GRAMを作成することになるのだが、抵抗勢力は他にもたくさんいたそうだ。

「まずは3年辛抱しようと思いました。おそらく3年たてばMUJI GRAMで育った店長が過半数になる。そうなれば後戻りすることはないだろう、と。そしてもうひとつ、人間は効果を実感できないと動いてくれませんから、そのためには増収増益にするしかない、と考えていました」

MUJI GRAMの各項目の最初には、何のためにその作業を行うのか「作業の意味・目的」が必ず書かれている。「どのように行動するのか」だけではなく、「何を実現するのか」を明確にして仕事の軸がブレないようにしているのだ。

「例えば『店舗マネジメント』では、『店長の必須取得資格』について触れています。防火管理者や食品衛生責任者など9つの資格を取得する必要があるのですが、その最初に『店舗を安心安全の観点から運営するため』と書いてあります。でも、忙しい店長がそれを全部取得するのは大変。そこで、店長になる前に取ったらどうかという提案がある。事前にワンランク上の仕事ができるというメリットもありますから、提案が採用されてマニュアルも変化します」

マニュアルが変化することこそが重要だと、松井は強調する。

「もともとマニュアルには決定的な欠点があります。つくったときは最新でも、半年後、1年後、仕事が変化してもマニュアルがついてこなければ、いつの間にか使われなくなるのです」

そこで、マニュアルが変わる仕組みもつくった。前述の「店長の必須取得資格」に関する提案のように「この仕組みはこうしたほうがいい」という具体的な意見は現場から出てくることが多いので、それらをイントラネットで実際に書き込む。課長やエリアマネジャーもパソコンで確認し、課長がOKとなったら本部がチェックする。そして、従来よりもよい提案であれば採用されるというものだ。

「毎月20ページくらいは変わりますね。3か月に1回はまとめて紙でも配られます。もちろんデータベースで見てもいい。経営陣の確認はMUJI GRAMに載せたかどうかだけ。載せさえすれば、店舗では100%実行してくれますから」

「実行されない仕組みほど意味のないものはない」と言う松井は、MUJI GRAM導入の効用としてPDCAサイクル（plan-do-check-action cycle）がスムーズに回ることも挙げている。

「CとAがうまくできない企業は多いが、Pは大概できるものです。セゾンも得意でした。しかしセゾンではDがほとんどなくて、当然CとAまではほとんど回らなかった。でも、無印では全部が回ります。マニュアルが空気のようになっていて、先輩にも同僚にも、そして自分にも浸透している。迷ったときにはMUJI GRAMを見に行けばいいし、毎月の変化にも確実に対応できるという社風までつくりましたから。それが実行力にもつながっているわけです」

もうひとつ、業務のすべてがわかる「本部業務基準書」も作成した。これは本部の業務を15分冊にして、見える化・標準化したもの。

「これも、3カ月に1回は変わります。2月決算で、3、4、5月に変わった部分を6月に担当者が書き直す。直していかないと使われなくなりますから。経理やシステムからはなかなか異動させられないものですが、基準書のおかげで部長や課長は比較的異動ができるようになりました」

「決まったことを決まったとおりキチンとやる」

社員の教育係も務めた経験のある松井は、「コミュニケーションは挨拶から」ということで、8時から9時の始業までの1時間、本社の玄関ホールで挨拶し続けた。構造改革の一環として、「決められたことは守る」という風土づくりのためでもあった。

「本社には550人いましたが、2人、挨拶をしない人間がいましたね(笑)。呼び出して叱るのは簡単ですが、それだとかえってコミュニケーションの断絶になってしまう。そこで直属の上司を立たせる。それだと挨拶せざるを得ない。そのうち『会長が立っているのも嫌だ』という声も聞こえてきたので、私は回数を減らし、課長以上の全員が交代で立つようにしました。こういうことは始めたらやめてはいけない。続けることで社風が変わり、実行力が上がるのです」

月曜日にいちばん大事な営業会議があり、前週の結果と今週の作戦が伝えられる。しかし、各部門長が指示や重要伝達事項を正確に部下に伝えているかどうか。人によっては半分も伝わっていない場合がある。時間の無駄だし、間違った情報が流れてしまう恐れもある。

そこで営業会議の後、550人全員のパソコンに、デッドライン（Dead Line）、指示（Instruction）、連絡（Notice）、議事録（Agenda）が流れる「DINAシステム」を導入する。閲覧後は印がつくので、誰が見ていないかわかるようになっている。

「大事なのがデッドラインです。いつまでにやるか。ここが決まらないと何も始まらない。言われたほうは覚えていても言ったほうは忘れがちです。たいていの場合は翌週の営業会議までの1週間。部門長のデスクの後ろにはデッドラインボードがあって、責任者が誰に何をいつまでにと指示したか、が一目瞭然になっており、できたところで○印をつけます」

各店舗でも、朝いちばんでパソコンを起動すると、営業会議で決まった情報が、部長・課長・エリアマネジャーを通じて流れてきている。この画面を見れば、パートやアルバイト店員にも必要な情報が届く仕組みだ。

実は松井は「報告・連絡・相談（ホウ・レン・ソウ）は役に立たないと思っている。逐一進捗状況を報告し、手取り足取り指示を受けるようでは自主性がなさすぎる。リスクも取れない。

「それに代わる仕組みということで、デッドラインにしました。できたかどうか、必ず全員が見えるようにすることも大事です」

4 人材育成のポイント

異動と配置

会社の最も重要な資産は「人材」だと言う松井は、その育成を全社的な視点で行うことにした。生産性と働き甲斐を同時に向上させる策でもある。

「人材育成のシステムとして、MUJI GRAMと本部業務基準書がベースで1割。人材委員会で適材適所に異動・配置をすることで8割。さらに人材育成委員会で専門度を上げることが、残りの1割です。人の教育は、人事部門だけで考えると小さくなってしまう。販売戦略などと同様、大きく考えなければいけない。そのためには、トップが関与する必要があります」

人材委員会とは、社長以下、全取締役で構成するもので、毎年2回、課長から役員までの評価をする。そして、適材をいかに適所に配置するか、全役員同意の上で決定するものだ。

「どんな会社でも事業部の間には壁があります。人を異動させたがらないし、結果的に全体に適材適所にならない。そこを、部門をまたいで全役員の同意によって決めるシステムにすることで、各部の思惑で異動ができないという事態を防げます」

この人材委員会では、評価ツールとして「ファイブボックス」「プロフィールシート」「キャリパー・ポテンシャル・リポート」も使用している。

例えば、ファイブボックスは、パフォーマンスと潜在能力の2つの項目で評価するもので、「高い」「合格」「低い」の3段階がある。パフォーマンスと潜在能力がともに高い人は、「鍵となる人材プール、明日のリーダー」に入る（10〜15％）。ここに入るのは、「プロジェクトリーダーにすれば何でも成功する」人材。

以下順次、「役員にはならないかもしれないが、成果を挙げる優秀な人」（10〜15％）。「次世代に台頭する、まだ課長」（10〜15％）。「普通に仕事をする人」（50〜70％）。「異動か改善が必要な人」（10％）。

「いちばん必要な部署に、いちばん必要な人を回す。いちばん優秀な人を、いちばん難しい仕事に就ける。それが全社最適な人事です。さらに、反対の立場の人間をチェンジするのも有効です。海外の店舗で何かあると、その店長から国内の課長に急報が来る。ところが海外の事情がわからない課長だと、対応が遅くなったりちぐはぐな受け答えをしたりする。すると『OKY＝お前こっちでやってみろ』となる（笑）。しかし、海外で困った経験のある人間だと急いで対応できるんですね」

さらに人材育成委員会では、本社自体が自主的にかつ速やかにグローバル化しないと次の成長が止まってしまうという考えのもと、課長を全員海外へ派遣するということもやっている。

「これもトップが関与しないとできません。総論はＯＫだが、各論になると皆反対する。『担当者をいきなり海外へ行かせるなんて』と、取引先にも反対される。社内外でいろいろ抵抗されるけれども、やりきる。それが社員教育の役割だと思います」

リーダーに求めるもの

「１００人いると、リーダーになれるのは20人か30 人」と言う松井が考える、リーダーに求められる条件は次のようなものだ。

①イノベーター：マーケットが変化したときに、ビジネスモデルも変えられる革新者
②実行力：会議は少なく、かつ実行力があること
③徹底力：自分の考えを組織全体に浸透させること
④本質追求能力：5年後10年後の業界の変化を見通すこと
⑤先見性：海外に出る。また、出るならばどこに出るのか

⑥人に任せられるか：多くの仕事は組織を使わなければできない
⑦現場・現実への対応力：特に海外展開では重要
⑧勇気：最後に一歩を踏み出す決断力
⑨人間力：正直、公平、素直、謙虚
⑩コミュニケーション力：相手に伝える、相手の話をよく聞く

「部長に上がるくらいまでは、それぞれの分野の専門家でいい。しかしその先は、組織を使う必要がある。これが結構難しいんですね。現場感覚が大事で、現場を見て効率よく人と組織を変えられない人には、部長以上は無理でしょう。組織を変えることができて、コミュニケーションが取れる。そして、実行力もあって、5年後の変化といった先が見える。そんな能力が大事だと思います」

さらに、リーダーに必要な資質でもある意思決定についてはどうだろうか。

「意思決定とは、基本的にリスクを取ることです。自分の頭で考えて、判断して、自分で決定をする。その実現のためには上手に上司を説得して、了承を得る必要が生じる。また、新しいことをやろうとすると混乱が起こるかもしれません。売上が下がるかもしれない。そういった様々なリスクを自分で取れるかどうか。それが部門長としての最大のポイントです」

その先に進むには、「イノベーションを起こせるかどうか。その革新をやりきれるかどうか」

だと言うが、ナンバー1とナンバー2の違いについても言及する。

「社長はすべての責任を負わなくてはなりません。例えば経営を立て直すときに、選択肢はたくさんあるが、最後は社長が決断するしかない。私が専務から社長になったとき、私の実感としては20倍くらい大変だった。精神的に追い詰められて夜も眠れなくなる。でも、3日目には眠れるんですがね（笑）。とにかく24時間考え続けました。考え続ける力というのは、責任感と当事者意識です」

松井はP・ドラッカーの「マネジメントの本質は責任。権威や権限ではない」という言葉を引いて、特にナンバー1に求められるのは「責任感」だと強調する。

「だんだん荷物が重くなる感じですね。いつまで持ち続けられるか。例えば、部長で50キロ、役員で70キロ、社長になったら100キロ持つことができた……。そうやって、そのときどきの役割を果たしながら最後まで持ち続けられる。そういう人がトップになるのです」

良品計画

“組織風土（見えない掟）を見て変えることができる人が頼られる”

組織を生かし、動かしていくには、組織の風土を変えなければならない。しかし、組織風土は見えるものではないから、まず、見えるようにすることが重要だ。

それを具体化したところに良品計画のすごさがある。

具体的なところまでやらないと、変わらない

皆さんの回りに身体に変調をきたし、医者から注意を受けても、それを意に介せず相変わらずの生活を送っている人はいないだろうか。

酒は飲むな、煙草を吸うなというアドバイスはあまり役に立たないことが多い。

実際にどれくらいまでならよいか、それを分かりやすく示さなくてはならない。また、そうしないときにどうなるかについても明確に伝えることが必要なのである。

たとえ相手が嫌がっていてもさせなければならない。組織が長く続くためには、このことが重要

である。一言で言うならば、やるべきことをさせる〝憎まれ役〟がいることが必要だ。正直この憎まれ役というものはあまりよい役回りではない。しかし、誰かがやらなくてはならないのも事実であり、それができる人がいないのであれば、その組織の行く末は自然と見えてしまうものなのだ。

憎まれ役不在の組織

あるファッション関係企業の社長が、不良在庫を夜中に橋の上から川に投げ捨てるということがあった。この会社は3年後に倒産することになる。なぜそうなったのか。

この会社では、流行を優先して、良いものは売れるという信念の下に、先行生産をした。ところが、思惑どおりにはいかなかった。業績低迷を盛り返そうと、確実に実績を上げるために、お客様が受け入れる、つまりよく売れる色、柄、スタイルをそろえなければならないといった思考をすることとなる。そこで、紺、グレーの色ぞろえをすることになり、その結果、大量の在庫を抱えてしまったのだ。また、この社長が社員に余計な心配をかけたくないということから、誰も知らない夜間に川に商品を捨てるということをしたのである。

なぜ良品計画のように、社員の前で燃やすことができなかったのだろう。それは、この社長の優しさであろうか。しかし本当の優しさとは、ダメなものはダメと言い、社員を守ることではないだろうか。

憎まれと優しさは紙一重

憎まれ役ができる人は、本質的には優しい人だ。それでも憎まれ役を買うのは、やるべきことをやらなければ、組織がどうなるか知っているからだ。そうしなければ、多くの人が不幸になることを恐れているからではないだろうか！

憎まれ役としての優しさというものは、そう誰でももてるものではない。そこで、これを「仕組み」に変えることが必要になる。社員に信賞必罰をはっきりさせるために人事評価制度をつくり、これに従うという仕組みだ。

誰が見ても、あの人よりはこの人のほうがよくやっているということは分かる。

しかし、それを公の仕組みとして運用することで、自分の見方を正しく表現し、社員に認めさせることができるのである。マニュアル化のメリットはここにある。

ただ気をつけなければならないのは、仕組みを作れば、それで安心というのは少々違う。

後戻りさせない仕組み作り

組織を見ていて感じるのは、社員が納得ずくで作ったマニュアルは、すでに今の社員には必要なく、なくても動くという事実である。では、マニュアルはなぜ必要かというと、後戻りさせることをやめ、継続させることにある。

組織は一時的であるならば、変えることは何とかできる。しかし、その変えたことを受け継いでいくことのほうが難しい。それは、時間の経過とともに、なぜそうしているかという意味合いが薄れてしまうためだ。

組織は、継続力があってこそ組織力となる。

組織を変えて動かすことは、醍醐味がある。組織と共に生きようとするには、このことを忘れてはならない。

変革がまとめ上げられる

変わらなければならないという会話は、組織の中でよく語られる。しかし、どう変わるのか、そのためにどうしたらよいのかということについては結論が出ないことが多い。

経営リーダーが求める任せることができる人は、この結論が出せる人だ。

では、その結論は何かと言うと、「物語化」と「一般化」によって後戻りしないための仕組みを作れる人だ。

組織の変革を前に進めるには物語化が前提となる。それは、物語は人に「もしかしたらできる」という夢を与えることができるからだ。

官僚組織に屈せず、利用者本位を貫く

――小倉 昌男 『クロネコヤマトの宅急便』の生みの親

1 新しい事業への胎動

最悪の状況で社長に就任

日本の宅配便は、業界全体で約37億4500万個（2015年度）もの荷物が取り扱われる一大産業である。そのうち約17億3100万個を占めるのが、日本におけるパイオニアであり業界1位の「クロネコヤマトの宅急便」だ。

日本人の生活を大きく変えた、サービス革命ともいうべき宅急便を生み出したのが大和運輸（1982年に「ヤマト運輸」に正式変更）社長、小倉昌男である。

大和運輸は昌男の父・康臣によって1919年に創業された。昌男が入社したのは1948年9月。ところがそのわずか3カ月後に、当時は死の病とされた肺結核のために入院し、4年間の闘病生活を余儀なくされる。

病を克服して復職した後、静岡の子会社（静岡運輸）出向を経て、1956年に百貨店部長に就任する。翌年に開店した有楽町そごうの配送受注が主な仕事で、小倉は他社との激しい競争の中で経営のノウハウを学んでいく。

さらに59年には路線トラック部門を担当する営業部長に就き、全社的な課題に直面する立場となる。そこで小倉は、現場の管理の甘さに気づく。営業所を見ると荷物の積み残しが多い。黙ってにらむと、ようやく運転手が荷物を積み直すありさまだった。営業所長などの管理職はサラリーマン化してしまい、書類で指示を受けないと判断ができない状態だったのだ。路線トラックの赤字脱却を使命としていた小倉だったが、「前途遼遠だ」と思い知らされたと言う。

もともと大和運輸は「大和便」と称した小口積み合わせ運送で関東一円にネットワークを築き、発展した会社だった。それもあって、康臣は「トラックの守備範囲は100キロメートル以内。それを超えたら鉄道の領域」と思い込んでいた。戦前であれば正しい判断だが、道路の舗装が進み、トラックの輸送能力が飛躍的に向上した戦後においては、明らかに時代遅れだった。それが、長距離・大口貨物輸送の波に乗り遅れる事態を招いてしまう。

特に東海道線への出遅れが大きかった。高度成長期の家電の普及は、当時の松下電器や三洋電機、シャープなどの関西系メーカーが担っていた。そこと東京を結ぶことでトラック業者は成長していたのである。しかし大和運輸は、そもそも東海道線の路線免許を持っていなかったのだ。

１９５９年にようやく免許が下り、先発する他社から遅れること5年以上で、60年に大阪から東京へ向けての長距離便がスタート。貨物輸送の路線拡大を企図していく。しかしライバルとの競争は激しく、大企業を対象とした大口貨物輸送の収益には陰りが見え始めていた。そこで、手間もコストもかかる小口貨物を切り捨て、大口貨物に集中することを選択するが「この判断は誤っていた」ことに、小倉が気づくのはしばらく後のことになる。

そんな１９６９年、康臣が脳梗塞で倒れたため、昌男は社長代行を経て71年に代表取締役社長に就任する。しかし、会社は最悪の状況だった。しかも１９７３年10月には第一次オイルショックが会社を襲う。経済は低迷し、輸送量は前年比で約25％も減少。大和運輸は倒産の危機に追い込まれていた。

身近なところに意外なヒント

危機脱出のヒントは意外なところにあった。牛丼の吉野家が、メニューを牛丼に特化したことで利益が増したというものだ。小倉は理想的な運送会社を「全国どこへでも、どんな量の荷物でも運べる会社」だと思っていたが、取り扱う荷物を絞り込んだらどうだろうか、と考えたのだ。

さらにもうひとつ、身近なところにヒントがあった。

ある日、小倉は息子が着られなくなった洋服を、千葉に住んでいた弟の子供に送ってやろうとした。しかし運送会社の社長である自分でさえ、荷物を手軽に送る手段がないことに気づく。当時、家庭からの小荷物輸送は国鉄小荷物（通称チッキ）と郵便小包の独占状態だった。どちらも〝親方日の丸〟の殿様商売で、やれ「荷札をつけろ」だの「ひもでしっかり荷造りしろ」だのといった面倒な指示が多く、送るときも受け取るときも駅まで足を運ばなければならない。輸送にも数日かかるのが当たり前だった。

庶民、特に家庭の主婦は不便を感じているに違いなく、「官業が独占している家庭市場は狙い目だ」と小倉は直感したのである。

そんな思いを巡らせながらも会社経営の危機感を募らせていた小倉は、オイルショックの直前、1973年9月にアメリカを訪れた。当時、アメリカではすでに自動車輸送が盛んで、起死回生のヒントを得たいという思いだった。

ニューヨークのマンハッタンを歩いていると、繁華街の交差点に大手運送会社ユナイテッド・パーセル・サービス（United Parcel Service, UPS）の集配車が4台停車していた。その光景を目にしたときこそが、「宅急便は成功する」と小倉が確信した瞬間だった。

宅配便の成否は、荷物の「密度」にある。集配車1台当たりのコストはほぼ決まっているので、1台当たりの荷物の量が重要なのだ。

「四つ角に集配車が4台ということは、ワンブロックにつき1台。ウチは集配車をもっと増やし、サービスをよりよくすれば荷物の密度は高まり、いつかは損益分岐点超えるはずだ」と、小倉は奮い立った。

② 日本初の宅配システム構築へ

役員全員反対！からのスタート

アメリカから帰国した小倉は、それまでの大企業を相手にした大口貨物輸送から、一般家庭の小荷物を対象にした宅配事業に主力を転換しようと考えた。そして役員に根回しを始めるのだが、なんと全員が反対。相談役になっていた父も首を横に振った。小倉の発想は、当時の運送業界ではそれほどに非常識だったのである。

例えば、家電製品を工場から集めて販売店に配達する場合、集配の場所はあらかじめわかっている。それが運送業務における常識だ。したがって、「集荷の手間が少ない百貨店の配送事業ですら苦しくなっている。家庭からいちいち荷物を集めていたら赤字になるに決まっている」というのが、代表的な反対意見だった。

ただ、賛成してくれた者もいた。労働組合の三役である。オイルショックのときでも組合員の解雇をしなかったことで信頼を得ていたのだ。貨物量の少ない地方の従業員の中には、東京などの大都市圏へ応援に行かされることに嫌気がさしていたこともある。彼らには「地元で仕事ができるなら、何でもやる」という空気があったという。

小倉自身にも、いったい何年後に採算に乗せられるのか、確かな見通しはなかった。しかし、大企業相手の商業貨物輸送を続けていけば、経営が悪化していくのは明らかだった。大和運輸が危機的状況から脱するには、新しい業態で新しい需要を開拓するしかなかったのだ。

役員全員の反対に遭った小倉だったが、1975年8月、宅急便に関する自らの研究をもとにした入念な企画書を作成し、役員会に提出する。『「宅急便」開発要項』——当時の宅急便事業に対する小倉の思いが記された貴重な資料である。

『開発要項』には、基本方針として5つの項目が記されていた。

1. 需要者の立場に立ってものを考える。
2. 永続的発展的システムとしてとらえる。

3．他より勝れ、且つ均一的なサービスレベルを保つ。
4．不特定多数の荷主又は貨物を対象とする。
5．徹底した合理化をはかる。
（以上、小倉の直筆資料のママ）

小倉はそのときすでに、今の宅急便の仕組みを5つの原則ですべて言い表していた。

第1項は、新しい市場が何を求めているかを知るためには、利用者の立場に立って考えるしかない、ということ。小倉は家庭の主婦の視点を大切にした。荷造り不要としたのも、ロープで厳重に荷造りしないと荷物が壊れるというのは運送業者の論理であり、「壊さないように運ぶのがプロの仕事」というのが主婦の論理なのだ。

第2項は、この新しい事業には広域的なネットワークの構築が必要だという考え。ただ、すぐにはできないから、時間をかけて全国に広げていこうという提案だ。

第3項は、新しい市場に参入するには、競争相手よりも優れたサービスを実行できるかどうかが決め手になるというもの。距離や重量によって料金や配達日数がバラバラだったそれまでの貨物輸送の常識を排除し、均一料金、翌日配達の徹底を企図した。

第4項は、それまでの商業貨物輸送から離れ、市民生活に根づいた個人間の輸送マーケットに転換することを基本とする、というもの。個人の小荷物を対象とすることを前提に、営業のあり方を根本的に変えるものだ。

最後の項目は、それまで以上に手間とコストのかかる宅急便は、普通の気持ちでやれば赤字は必至。コストを下げるには徹底的に合理化し、とりわけ事務作業を簡素化し徹底しなければならない、というものだ。

このコンセプトで「ブツブツと陰にこもって反対し続ける」役員を押し切り、小倉の提案は承認された。

「宅急便」ついに誕生す

宅配事業の名称を「宅急便（Yamato Parcel Service, YPS）」と名付け、１９７６年1月、関東地域限定ながらついに業務がスタートする。

当時のガリ版刷りのチラシを見ると、主婦を対象としていることがよくわかる。キャッチコピーは「電話ひとつで、翌日、確実にお届けいたします。」だった。翌日配達を打ち出し、料金は「一口一戸10kgまで５００円です。」となっていた。

しかしスタート1日目の取扱量は、わずか11個。最初の1カ月でも９０００個に満たなかった。ところが開始から数カ月たつと取扱量が急増する。初年度の当初目標の20万個を大きく上回り、取扱個数が約170万5000個、翌77年には約540万個に跳ね上がる。

宅急便は次第に巨大なマーケットへと成長していき、小倉は次のステージとして宅急便の全国展開を目指すことになった。そのとき問題となったのが荷物集配の拠点の設置である。

当初は、電話1本で家庭まで集荷しに行くという形態しか考えていなかったが、客は電話した後、ドライバーが来るまで待たねばならず、ドライバーも配達の途中で立ち寄るといっても手間も時間もかかる。

そこで「取扱店制度」をスタートさせる。現在ではコンビニがその役割を多く担っているが、当時、家庭の主婦になじみの場所と言えば酒店、米店だった。というのも、そういう業種の店は各家庭への配達もあり、そのついでに客から荷物を預かることもできる。もちろん、地元の客とのネットワークがあることも大きな理由だった。その店に行けば荷物を送れるというのはわかりやすく、ついでに買い物もしてくれるから、店側にとっては販売促進にもなる。その地域の店や商店街を巻き込んで、ともに発展していくという側面もあったのだ。

出だしは苦戦したものの、翌日配達というスピードが口コミでも広がり1980年には取扱個数が3300万個を超え、当時の国鉄小荷物とほとんど肩を並べる。「何年で採算に乗せられるか確かな見通しは立たなかった」宅急便誕生から、わずか5年で採算ラインを超えるほどに成長したのである。

❸ 官僚組織との闘いが始まる

営業所や取扱店の数も増え、小倉の目論見どおり宅急便は全国規模へと躍進し始める。しかしそこに、大きな壁が立ちふさがる。

営業所を増やすには、当時の監督官庁である運輸省の許可が必要だった。ところが、申請をしても許可が一向に下りない事態が生じてきたのだ。小倉と官庁の壮絶な闘いの始まりだった。

全国展開を目指す宅急便の営業所を各地に増やすには、路線の免許が必要だった。営業所はその地域を通る路線の免許を取らなければ設置できなかったのだ。

利用者のためのサービスにこだわった小倉は、宅急便のサービスは北海道から沖縄まではもちろん、離島や過疎地にまで届かなければならないと考えていた。しかし、宅急便の利便性を運輸省は理解できなかったようだ。１９８０年に免許申請した国道20号線（山梨路線）でさえ、４年近くも放置されたほどだった。そこには、地元業者が競争激化を懸念して反対していた影響もあった。

「官と闘う男」

小倉は当時の思いを、自身の著書で次のように記している。

「許せないと思った。既存業者が反対したら免許は与えない。反対しなければ与えるというのでは行政権の放棄ではないか。広く消費者のことを考えるのが行政の使命ではないのか。怒りが臨界点を越えた。」(『経営はロマンだ!』日経ビジネス人文庫)

やはり棚ざらしにされていた北東北路線の免許申請から4年を経た1985年12月、小倉はついに運輸大臣に対して行政不服審査法に基づく異議申し立てをする。しかし回答は「慎重に審査しているので、申請をいったん取り下げよ」というものだった。

予想どおりの回答に、翌86年、当時の橋本龍太郎運輸大臣を相手取り、東京地裁に「不作為の違法確認の訴え」を起こす。監督官庁の大臣を相手に訴訟を起こすという、前代未聞の大事件であった。

訴訟を受けて運輸省は、その年の10月には運輸審議会の公聴会を開き、12月には免許を出す。争点が消滅したため裁判は幻となったが、利用者第一の企業姿勢を貫く小倉の勝利となったのである。

後にニュース映像の中で小倉は当時を振り返り、「運輸省と闘ったときの経験は、役人は弱気をくじき強気を助ける。民間が弱いと思うとたたく。開き直ると引っ込む。それには出るところへ出て、最高裁まで争うという姿勢を見せないとダメだと思う」と述べている。

『経営はロマンだ!』ではこうも述べている。

「運輸相提訴の一件以来、私には『官僚と闘う男』というイメージがつきまとう。だが、そんなつもりはない。当社の事業を運輸省が邪魔しただけだ。免許取得に五年も要したことを思うと、今も腹が立つ。」

ところが、運輸省との衝突は路線免許だけではなかった。運賃問題でも衝突する。

あるとき小倉は女子学生から、「試験前、友達とノートの貸し借りをするのに宅急便を利用しているが、もっと料金を安くしてほしい」という話を聞いた。もっともだと思い、1983年3月、2kgまでなら従来のSサイズより料金が安い「Pサイズ」という新たなサービスを始めようとした。しかし、運輸省に運賃改定を申請しても返事はノーだった。

そこで小倉は、83年5月17日の新聞各紙に、申請中であったPサイズの実施時期を6月1日にするという全5段広告を出した。そこには「すでに、運輸省に対して、この新運賃の申請をしておりますが、認可が遅れれば、発売開始日は認可後となります。ご了承下さい。」とあった。マスメディアを利用して世論を味方につける作戦である。

しかし実施予定日の前日の5月31日、またも新聞広告を打ち出す。そこには「運輸省の認可が遅れているため発売を延期せざるをえなくなりました。」として、Pサイズの発売延期のお詫び告知をしたのである。

当時の運輸省事務次官は激怒したと言うが、この新聞広告は大きな反響を呼ぶ。結局7月には、運輸省は認可を与えることになった。

「信書」をめぐる衝突

もうひとつ、小倉と官僚との闘いを象徴するものがある。「信書」の取り扱いをめぐる郵政省（現総務省）との闘いである。

1984年6月、三重県にあるヤマトの営業所に、東海郵政監察局から警告書が届く。三重県庁の依頼でポスターを東海郵政局に配達していたのだが、その中にポスターを張る場所を指定した文書が入っていた。この文書が「郵便法で禁じられている『信書』にあたる」というのである。

郵便法第5条では、国家のみが封書やはがきなどの信書を配達しうると定義している。小倉は「汚いやり方だなと思った」と言うが、始末書を書かざるを得なかった。

時を経て1994年のこと。小倉は会長になっていたが、九州郵政監察局がヤマト運輸の子会社に警告を発する。クレジットカードの配達業務が郵便法違反だというものだった。ヤマト側も直ちに反論を開始。「クレジットカードは買い物の決済のための道具であり、信書にはあたらない」として、行政法の専門家の鑑定意見も添えて闘う姿勢を見せる。小倉もマスコミに「最高裁まで徹底して争う」とまでコメントしている。

郵政省は立件まではしなかったものの、全面解決を見ないまま、1997年3月に「クロネコメール便」が登場する。もちろん、信書ではなくカタログやパンフレットのどの配送を狙ったものだった。しかしながら、郵政省の定義する「信書」を運んでしまう危険性を内包していたともいえよう。

1995年に小倉は経営から離れていたが、郵政省は「民間業者に『信書』を配送させるのは違法行為」として、商品券や地域振興券、ダイレクトメールなども信書と定義し、荷主側にも警告を発するようになる。郵便法違反の罰則はかなり重く（3年以下の懲役または100万円以下の罰金）、しかも配達業者だけではなく荷主も同時に処罰されるというものだ。実際に宅急便の利用をあきらめ、郵便に切り替えた荷主も多かった。

それでも、小倉を引き継いだ経営陣も闘いを続け、99年には郵政省を独占禁止法違反として公正取引委員会に申告する。信書の解釈を郵政省が恣意的に行い、ヤマト運輸の利用者から選択の機会を奪うのは不当行為である、というものだった。

公取委に取り上げられはしなかったが、小倉は『経営はロマンだ！』で次のように述べている。

「筋を通したので良かったと思う。筋の通らないことは許せない。相手が権力を笠に着た役人なら、なおさらだ。」

世論を味方につけ、官僚との闘いに挑み、「官と闘う男」と呼ばれるようになった小倉は、後の郵政民営化の折にもニュース番組で気骨のある経営者の姿を見せた。

「役人がいるから規制ができる。規制があるから役人がいるんじゃない。そういう意味では役人というのはいないほうがいい。役人がいなくなったら日本はよくなりますね。だから僕は霞が関をずーっと潰したい」

しかしながら、信書便法施行や郵政民営化など表面上の規制緩和はあったものの、その後も事態が改善されることはなかった。そして2015年3月、「クロネコメール便」の廃止が発表されるのである。

「お客さまが、法違反の認識のないまま信書を送ってしまい、郵便法違反容疑に問われるリスクをふせぐため」というのがその理由だった。さらに、次のような経緯も説明されている。

「誰もが見た目で判断できる「『外形基準』による信書規制の改革」を提案し、「信書」を送ってしまったお客さまへの罰則規定を廃止し、送ったお客さまではなく、「信書」を受け付けた運送事業者のみが罰せられる基準への変更を主張してきましたが、結局、受け入れられませんでした」

ヤマトによれば、その数年で警察の事情聴取を受けたり書類送検されたりという例が8件も生じていたというから、万やむを得ない選択だったのだろう。

❹ 小倉流の経営哲学

全員経営

小倉にとっては、「官との闘い」も「宅急便の普及」も、その根底には、「すべては利用者のため」という思いがあった。

そこで掲げたのが「全員経営」だった。

1986年11月、ヤマト運輸創立66周年の記念式典で小倉は、宅急便をさらによいものにするための社長としての思いを社員に語っている。

「1万7700人の社員の皆さんが、現在心をひとつにして頑張っております。これを私どもは全員経営と言っております。ヤマト運輸というのは、1万7700人の一人ひとりが全部で経営しているんですと」

小倉の掲げる全員経営のなかでも、ドライバーの重要さを小倉は自身の著書でも次のように語っている。

「宅急便を担う中心的存在は、現場で顧客に接する約三万人の『セールスドライバー（SD）』である。彼らは荷物の集配、営業、集金などひとりでさまざまな業務をこなさなくてはならない。（中略）彼らのやる気をいかに引き出し、楽しく働いてもらうか。全員経営の成

功はそこにかかっている」（『小倉昌男 経営学』日経ＢＰ社）

小倉が重要視した「セールスドライバー」の真骨頂が見られた場面があった。未曽有の被害を出した２０１１年の東日本大震災のときのことである。

宮城県の気仙沼や南三陸町では情報が完全に寸断され、ヤマト運輸の現地社員たちは本社との連絡もまったく取れない状態だった。そんなときに、全国から集まる救援物資が避難所まで届かない現状を、彼らは目の当たりにする。

そこでセールスドライバーたちは、自分たちの判断で救援物資の配達へと向かった。彼らにしてみれば、普段からやっている仕事の延長だったかもしれない。しかし彼らも被災していたのである。それでも「世のためひとのために」「運輸のプロとしてできることをすべき」という意識が強かったのだと言う。そして、このような動きは被災地の各地で起きていたのである。

社員全員から生まれた新サービス

全員経営を目指した小倉の思いに現場も応える形で、いくつもの新しいサービスが生まれていった。

１９８３年12月、レジャーと宅急便を結びつける先駆けとなった「スキー宅急便」が始まる。これは、雪の多い季節にスキー道具を満載したスキーバスを見た長野支店の社員からの提案だった。スキー宅急便は瞬く間に全国に広がっていった。

翌84年4月に登場したのが「ゴルフ宅急便」である。神奈川県の厚木支店からの提案だった。厚木周辺にはゴルフ場が多く、ゴルフ場のクラブハウスにズラッと居並ぶゴルフバッグを見て、担当者は「ここにチャンスあり」と思いついたと言う。

数あるサービスの中でも、小倉がこだわったのが「クール宅急便」だった。66周年記念式典での小倉の言葉。

「ヤマトの場合ははっきりと、サービスが先か収支（利益）が先かと言ったら、サービスが先です。何よりもサービスを先にしましょう」

１９８７年8月に始まったクール宅急便は、開発費として１５０億円以上の設備投資が必要だった。荷物を運ぶトラックに、冷蔵と冷凍、２つの温度帯の設備を組み込む必要があったからだ。しかしその頃、車両に冷凍庫を搭載するのは、技術的にもコスト的にも困難だった。

現場からは「まず冷蔵だけやる。冷凍は、まだ需要もそんなに広がっていないので、先でいいのでは」という提案もあった。しかし、小倉の考えは違っていた。

「それは、冷凍を運ぶ仕組みが今はないからだ。だから需要が見えていないだけで、本当は需要があるんだ。だからコストがかかっても冷凍をやるんだ」

膨大な投資を回収するには、取扱量2000万個を突破する必要があった。ところが、わずか3、4年で黒字に転換する。それほどに需要は大きく、家庭で新鮮な食料品を取り寄せることが可能になり、クール宅急便はライフスタイルだけではなく日本人の食生活も大きく変えることとなったのだ。

経営リーダー10の条件

小倉は、前出の著書『小倉昌男 経営学』で、経営者の資質について述べているので、紹介しておきたい。

1　論理的思考

経営者にとって一番必要な条件は、論理的に考える力を持っていること。自分の頭で考えないで他人の真似をするのが、経営者として一番危険な人なのである。

2　時代の風を読む

企業は、その時代時代の社会の変化に強く影響される。経営者は時代の風がどちらからどちらへ吹いているか、的確に読み取らなければならない。

3　戦略的思考

戦術は、日常の営業活動において競争に勝つための方策であり、戦略は、経営目標を実現するための長期的な策略である。経営者は、常に戦略的発想を持って事態に対処する心構えを持たなければならない。

4　攻めの経営

これからの企業経営は、ますます激しい競争に晒される。経営は、攻めの姿勢が大事である。守りの経営では、じり貧になるのは間違いない。

5　行政に頼らぬ自立の精神

役人の一番いけないところは、結果に責任を持たないことである。煎じ詰めていくと、世間知らずの役人の言うことを聞く経営者が悪い。

6　政治家に頼るな、自助努力あるのみ

何かあると、「政治家の先生にお願いしよう」ということになるが、それは政治家との腐れ縁のもとになるから気をつけなければならない。

7
マスコミとの良い関係
上場企業の社長は公人である。だからマスコミの取材に答えるのは義務なのだと言われれば、そのとおりだと思わざるを得ない。しかし、悪いことばかりではない。

8
明るい性格
経営者は、常にプラス思考をする必要があると思う。「ねあか」の経営者が成功しているのは、決して偶然ではない。

9
身銭を切ること
経営者はもらうべきものはもらい、部下に飲ませるときはポケットマネーで払うようにしなければ、社員から尊敬される経営者にならないことを、覚悟する必要がある。

10
高い倫理観
人格者に人徳があるように、会社にも〝社徳〟が必要。経営トップがひとり高い倫理観を誇っても、社徳の高い会社にはならない。社員全員の倫理性を高めるには、まずトップが先頭に立ち、高い目標を目指して歩まなければならない。

「すべては利用者のために」という理念のもと、宅急便を開発・成功に導いた小倉昌男は、2005年6月30日にこの世を去る。享年80。監督官庁など、理不尽な相手には徹底的に闘いを挑み、晩年は障がい者に温かい視線を送り続けた人生だった。

『参考文献』
『経営はロマンだ！』小倉昌男著／日経ビジネス人文庫
『小倉昌男 経営学』小倉昌男著／日経BP社
『クロネコヤマト「個を生かす」仕事論』瀬戸 薫著／三笠書房

ヤマト

〝業界慣習に従うことを変える人となる〟

業界慣習は善からマンネリへ

業界慣習は、どの業界にも存在する。その慣習が多く残っているのが、建設業や運送業だ。この業界は、貸し借りによりビジネスが成り立っているところがある。その背景には、仕事のピークとボトムのギャップが大きいことにある。それを補うために、お互いに人や車を融通し合うことが慣習となっている。

この貸し借りが有効に機能しているうちは問題はないが、一度それに慣れてしまうと、窮屈な業界となってしまう。

さらに、この業界は、こうした習慣を守るために様々な法的規制を受けており、自由な行動が損なわれるところがある。それでは、規制がないほうがよいのではないかと思うかもしれないが、業界の人たちにとってはメリットがあることも事実なのだ。

様々な規制は、歴史的な背景があって成り立っている。その規制ができた時には、それなりの必然性があったのである。

経済人であるビジネスパーソンは、このことを前提として規制の中で動く一方、その規制がなくなったときに、あるいは強化されたときにどう対処すべきであるかを常に考えておくべきだろう。

プロとアマを決める・決められるのはお客様だけ

経営コンサルティング業界は、全く規制がない。もちろん法的な資格があるのは事実だが、その規制が効かない業界なのである。

様々な規制が検討されたが、どれも成り立ってはいない。要は、そのコンサルティングを受けるクライアントがどう判断するかに尽きるのである。

歌手の泉谷しげるが面白いことを言っていた。歌手は、歌が歌えれば誰でもなれるという。だから、みんな歌手になったらどうだろうという意味のことだ。

だからといって、これを聞いて自分も歌手になろうと思う人は、そういないだろう。それは身の程を知っているからだ。

ビジネスの世界で、プロとアマを決めるのは誰かというと、お客様だけなのだ。

お客様がプロと思えばプロだし、アマと思えばアマなのだ。これがビジネスの基本である。だから、お客様がその会社のやっていることを評価したり、おかしいと思ったりすることによって、業界そのものが変わってしまうということが日常茶飯事だ。

要は、買うか買わないかだけなのだ。組織の内外を問わず、ビジネスパーソンが意識すべきなのは、お客様なのである。

本当にやる気があるか？

新しく店を開店する時に、「お客様が買ってくれるならやりますよ」という言葉を使う人がいる。

これはあてにならない。

この人は独立するのはやめたほうがよい。人は、お店へ行くよと約束しながら、実際には来れない人のほうが多い。だから、そんなものはあてにならないのだ。それよりも私はやってみたい、やり抜くという意志が大切なのだ。

独立開業の新規事業支援を行うときに、お客が買ってくれる補償はあるのかと質問を受けることがある。補償などありっこない。

とりあえず、多分お客様は買ってくれるだろうという自信の下で開業や新規事業を行うことだ。ただ、それでも最初から買ってくれることはない。そして、何とか3年やっているうちに、お客様が増えてくる。このくらいから、これならやっていけるのではないかという仮説が立てられるのである。継続は力とはよく言ったものだ。

試行錯誤の大切さ

小倉社長は、試行錯誤の中から少しずつ自信をつけていったのではないだろうか。

そもそもマーケティング理論や経営理論は、成功則をまとめて、順位づけしたものに過ぎない。

だからそのとおりにやってみたからといって、結果が出る保証はない。

ただ成功則は知らないよりも知っているほうが有利であることも事実であろう。

ビジネスの世界で忘れてならないのは、最終判断はお客様がするという基本ルールだ。

法的な規制もこの基本ルールを崩さないのであれば、問題はないし、ウエルカムである。それでも、一度できた規制が不便であったり、お客様に受け入れられないものであれば、断固立ち向かわなければならない。また、長い目で見ると、社会の諸事情から不適切な規制がなくなるということもある。

だから大切なのは、本来どうあるべきかを明らかにして、そのための手の打っていくことなのだ、それができる経営リーダーが求められる。

気をつけなければならないのは、規制のある業界にいると、やがてそれに慣れてしまい、居心地の良さを感じてしまうことだ。このような人たちに対して、経営リーダーに求められるのは、現状に甘んじてはいけない、やがて今とは違う時代が来るということを訴えかけることだ。

人は具体策のない話し合いをする時に、雄弁になる。逆に、具体策を出そうとすると寡黙になる。

仕事をこれからも、そして将来も任せたくなる人材は、具体策をもって雄弁に語れる人なのだ。

地域密着型のスポーツビジネスを牽引

――水谷 尚人
（株）湘南ベルマーレ代表取締役社長

1 スポーツビジネスの最前線に立つ

サッカーに関わることが運命だった？

「どういう人が社長になれると思いますか？」と尋ねると、「そんなこと、わからないですよ」と明るく笑い飛ばす。サッカー専門誌などのインタビューでも、「経営者としての信念は？」と問われて「ありません」と答えるご陽気な人柄である。

しかしその実は、日本サッカー協会から２００２ＦＩＦＡワールドカップ日本組織委員会に出向し（その前の招致委員会および準備室にも関わる）、世界のサッカービジネス界はもちろん官僚やオフィシャルパートナー企業の担当者などとも渡り合い、日本開催を成功させた縁の下の力持ちの一人だ。

水谷は子供の頃からサッカー三昧。大学卒業後リクルートに入社するが、Ｊリーグ発足時にJリーグ入りを確信し、会社に辞表を出す。ところが希望はかなわなかった。が、日本サッカー協会に採用されたあたりは、やはりサッカーと関わっていくことが運命づけられていたのかもしれない。

「10年サッカー協会にいました。そのうち6年間は2002年のワールドカップ組織委員会ですね。前身の準備委員会、招致委員会では国内開催地の選定作業などを担当して、組織委員会ではチケッティング部に所属していました」

組織委員会ではさまざまな人との出会いがあり、いろいろと想像できない経験もしたと言う。しかし、その経験を糧に独立することを決心し、ワールドカップ終了後にスポーツマネジメントの会社を設立することになる。

実際に会社が起ち上がるのはワールドカップの翌年だが、その途中で声をかけられて湘南ベルマーレの仕事を業務委託の形で手伝うようになり、02年11月には強化部長に就任する。

「親会社が撤退して、2000年にベルマーレ平塚から湘南ベルマーレに変わったばかり。J2だったこともあって、当時は息をするのがやっとという状態でした。12、13人しか社員がいない小さな所帯で（16年現在は19人）、部員も1人。ですから強化部長といっても、部内の管理はほとんどしていませんでしたね」

その後、NPO法人湘南ベルマーレスポーツクラブの理事（のちに理事長）なども務め、

２０１０年に湘南ベルマーレの取締役に就任する。12年に取締役はいったん離れるが、15年12月、社長に就任することになる。というのも、前社長の大倉智が辞めてしまったからだ。強化部長時代から今日まで、大倉を止められなかったのは、ベルマーレの経営に関して失敗したことの大きな１つだと水谷は言う。

「２００５年に、セレッソ大阪にいた大倉を強化部長として招いたのですが、彼は組織の管理やマネジメントに長けていて、14年に社長に就任したばかりだったんです。結果的に引き抜かれた形ですが、あまりに辞めるのが早すぎました。もっとやってほしかった。もう、どうしようかと思いましたね。『誰が連れてきたんだっけ』という声も上がって、『それは関係ないだろう』とも思ったのですが、流れを止めなくてはいけないという思いから自分であとを引き受けたというわけです。サポーターやスポンサーの皆さんには言えませんけれど（笑）」

異業種の文化から学んだこと

「想像できない経験」も含めて、組織での仕事の難しさを水谷が実感したのは、ワールドカップ日本組織委員会事務局本部にいたときだろう。事務総長は自治省（現総務省）の事務次官経験者で、参加する地方自治体の役人も出向してきていた。他にも、日本サッカー協会や電通、オフィシャルパートナー企業などの、さまざまな業界の人たちで構成されていたのである。

水谷が所属していたチケッティング部のあった業務局の局長も自治省の現役官僚で、部長は大阪市からの出向だった。

「部長は『なぜ自分はここにいきゃいけないんだ！』というオーラが全開で、ちょっとかわいそうでしたね（笑）。そんなわけで、『ぴあ』から来ていた人と私が実動部隊。外国人との折衝なども全部自分たちでやりました。文化の違いを感じたのは、スイスにあるＦＩＦＡ本部に出張しなくてはならないとなったときのこと。役人の社会では、海外出張は役職者しか行けないと言うんです。私は現場責任者ということで部長と一緒に行ったのですが、まぁ、見事に何もされませんでした（笑）」

さまざまな業種・業界から人が集まる組織委員会は、特殊な組織だと言える。役人は役人、企業は企業、外国人は外国人で、それぞれ文化が違う。サッカー協会ももちろん違う。簡単にまとまるわけがない。

「それでも、期限が決まっているプロジェクトのマネジメントは何とかなるものです。『この日まで一所懸命やるしかない』ということで、２００２年5月31日に開幕戦のキックオフだとなれば、そこに向けて意見がまとまるのです。ところが、期限が決まっていないと支離滅裂になる恐れがある」

意見がまとまらない状況で、こんなシーンもあったそうだ。

「自治省の元官僚だったトップは優秀な人で、民間の人たちと意見が合わなかったときに『この案を変えたいなら、俺の屍を超えていけ！』と言い放ちましたね。『あぁ、カッコいい言葉を使うなあ』と思いました。あとから酒の席で『絶対そんなつもりはないでしょ』と茶化すと、『ああいう言い方をするものなんだよ』と。役人はそういう決め言葉やテクニックをたくさん持っているんですね」

せっかくのワールドカップ開催だったにもかかわらず、水谷が「今でも残念に思っている」ことがある。招致委員会から組織委員会という過程で、自治省の元次官や通産省の部長、あるいは民間企業の優秀な人材が数多く出向してきていたのに、皆サッカー界から離れてしまったことだ。

「為替の関係もあって相当な黒字でしたが、その儲けをサッカー界で半ば独占してしまったことが理由の一つかもしれません。貴重な人材をサッカー界に残しておけばよかったのにと痛感しますね。例えば自治省の人を残しておけば、地方の行政との関係構築がスムーズにできる。予算をつける手掛かりとしても有用です。そういう人脈はサッカー界にとっても本当に重要なんです」

「知っている範囲でしか仕事を回さないのは、確かに楽。でも、それでは発展はない」と言う水谷は、最初の就職先であるリクルートでも、サッカー協会にいたときも、上司にさまざまな意見書（建白書）を遠慮なく出していた。「ここはこうした方がいいではないですか」などと、厳しい提言をストレートにしていたそうだ。

「でも、組織委員会にいたおかげでオブラートに包んだ言い方ができるようになってしまいました（笑）。優秀なお役人の影響ですね。そのしゃべり方を真似するようになったのですが、あまり自分らしくないなと思います。ですが、社長という今の立場になると、外に向けての物言いとして意識せざるを得ない場合もあるので、それもありかもしれません」

❷理念を持つことが大事

「志」と「野心」の違いを知る

「強引に意見を通すよりも、調整型だと思う」と言う水谷は、相手を説得するためにいちばん重要なのは「理念」だと考えている。「そのために私たちはこれをやっているのだ」という確固たる「理念」である。

ワールドカップの組織委員会でのことだ。チケッティング部の仕事として、チケットの割り振りがあった。

例えば100枚のチケットがあるとすると、半分は海外用としてFIFAに預ける。残った50枚をどう分けるかということになるが、サッカーファミリーというサッカー協会の関係・登録者、地方自治体、一般販売の3つに分けるという話になった。

ところが、サッカー関係者は「サッカー界のために開く大会なんだから、全部サッカー界用でいいくらいだ」と言い出す。すると、ある自治省OBは「誰がスタジアムを造ったと思っている。行政の金だ」と主張する。

「私が現場で実際に動いていたので、挙句の果てには『お前の給料はどこから出ていると思ってるんだ』という話になってしまった（笑）。私自身は、当然ですが一般用を増やすべきだと思っていました。ここでサッカーファンを増やして裾野を広げなくては意味がない。『ワールドカップは何のためにやるのか』という理念を明確にしておけば答えは明らかでしょう。『このために僕たちはやっているんですよね』と自覚することが大事なんです」

大もめしたあとに双方の上役から「大変だったなぁ」と声をかけられたが、「大変にしてくれたのはあなたたちだ」と心の中で思ったそうである。

「自分の意見を通したいという思いよりも、迷ったときに必ず立ち返ることができる理念を持っておくこと。そうすれば説得力が増すと思います」

理念を明確にするためには「志」が必要だが、これは「野心」とは別物だと水谷は考えている。

「社員や選手たちにも、『志』と『野心』は違う、という話はしています。野心は、結局は自分の欲望です。もちろん、野心のひとつもなければサッカー選手としてダメだよとも言います。しかし、監督の曺（貴裁）ともよく話すのですが、やはりその先には『志』がなくてはいけない。私も、野心だけでは社長は引き受けません。勝手に給料を上げるわけにもいかず、むしろ下げざるを得なかったりする。もし野心だけで望むなら、もっと大きなクラブの社長や他の仕事をやりたいとなるでしょう。曺も、2015年シーズン後に5チームからオファーを受けたのに、ベルマーレに残った。ウチよりも高いギャラを提示されているはずなのに、です。しかし私たちには、地域に貢献する、人を育てる、選手の成長を促す、といった志に基づく理念がある。それを考えれば、答えは自ずと決まってくるものです」

水谷は「志があれば、燃え尽き症候群にもならないですむ」とも言う。例えば「夢は甲子園出場です」という野心だけで野球をやっていると、出場できようができまいが、それですべてが終わってしまう人がいる。

「こんなにもったいない話はありません。甲子園どうのこうのよりも、その先の人生のほうがはるかに長い。それなのに、そこで燃え尽きていいのか、ということです。好き嫌いは別として、アメリカの影響を受けた世代が今の日本をつくっている。『功成り名遂げる』といった野心ばかりを称揚する雰囲気が支配している気がします」

背中で教えてくれた恩人

しかし、さらなる問題がある。今の若い人には、志どころか野心すら持たない人が多いということだ。そんな若者たちをつくってしまったのは自分たち世代の責任ではないのか。水谷はそう反省し、危惧している。

「人の上に立つ、あるいは人をまとめる立場の人間には、志や理念が不可欠だということを後世に伝えていく義務があります。私たちは、少なくとも私は、長沼健さんからそう教わりました。世界30カ国、延べ75万キロも飛び回ってワールドカップを招致した人です。広島出身で被爆体験があって、サッカーを通じて日本を明るくし、サッカーファミリーを元気にしようと、本気で思っていた人です。部下が決めたことで何か不都合が起きても、最終的な責任は自分で取る人だった。社会の中におけるスポーツの地位を引き上げようと志した人でした」

長沼と言えば1968年メキシコ五輪銅メダルのときの監督であり、1994年から4年間、日本サッカー協会会長を務めた。Jリーグ実現を陰で支えた功労者でもある。そして、「サッカーがうまくなる人の条件」として、「挨拶と整理整頓ができる人」だと喝破した偉大な指導者だった。

湘南ベルマーレのU－18以下の育成・普及部門である「フットボールアカデミー」の活動

スローガンを見ると、長沼の言葉に通底することに気づかされる。そこには「好きなことだけをさせず、常に試練を与えながら、選手のライフスキル向上を第一に考えながら、地域を代表する人材育成に努めます」とある。さらに「『そこに落ちているゴミを拾える人間に』を合言葉に」と続いているのは、決して偶然ではないだろう。

「ワールドカップ招致のときも、韓国が日本に対するネガティブキャンペーンを張っても、日本は絶対にそんな卑怯な手は使わないと断言していましたね。あちらは、やれ梅雨があってサッカー開催に向いていないだの、交通渋滞がひどくて運営が困難だの、いろいろ言いたい放題でしたから、『こっちもやり返すべきだ』と主張するサッカー関係者は多かった。それでも、『正攻法で行く』と言って譲らなかった」

まさしく「志」に満ち、無私の精神にあふれ、決定的瞬間の意思決定ができる人だったと水谷は述懐する。

さらにもう一人、岡野俊一郎の頑張りにも教えられたそうだ。岡野は長沼のもと、コーチとしてメキシコ五輪銅メダルに貢献し、長らくサッカー少年のバイブルだった「三菱ダイヤモンド・サッカー」の解説を務めたことでも有名だ。語学に堪能だったこともあり、ワールドカップ招致に際しては、これも長沼とともに奔走している。

「日本サッカーの低迷期を苦心惨憺しながら支えた人たちです。今のサッカー界の若い人たちは知らないだろうから、そういう人たちの苦労があったからこそ今があることを伝えていかなければならない。長沼さんと岡野さん、この2人との出会いが私のかけがえのない財産になっています。普段あまり人のことを尊敬していると言わないのですが（笑）、この2人だけは特別です」

❸ 湘南ベルマーレが目指すのは

地域を明るく元気にする

湘南ベルマーレのチーム理念は、「湘南地域に住む人々に、サッカーを通して、夢と勇気と希望の感動空間を提供する」というものだ。簡単に言えば「地域を皆で明るくしよう」である。選手は「湘南スタイル」を前面に出して全力でプレーする。そうして頑張ることによって地域を明るくする。すると地域に金が落ちてきて、結果的に選手の給料も上がって幸せになる。ますます頑張れるから、サポーターも幸せになる。

湘南スタイルとは、曺監督が提唱したもので、「攻撃的で、走る意欲に満ち溢れた、アグレッシブで痛快なサッカー」のことだ。

「こういう明確なビジョンが、地域のためになり、地域の子供たちの夢になり、若い人にチャンスを与えることにもつながります。そのためには『湘南スタイル』のサッカーをやり続けようよ、という思いにつながるので、とてもわかりやすいと思います」

さらに、社長就任時の所信表明として、水谷は3つのテーマを打ち出した。それが、「2020年の東京五輪にオリンピアンを20人出す」「国際化を図る」「女性をもっと登用する」だ。

「『国際化』とは、観客の1割を外国人にすること。そして、国外に出て交流を深め、クラブに多くの外国籍の人を巻き込んでいこうというものです。『女性』については、私自身がPTAの会長をやって『女性のパワーはすごい』と実感したので、観客の50%を女性にしたいという目標。さらに、日常的にも女性の知恵やパワーを活用していきたいというものです。この取り組みをすることによってクラブが、スタッフが多様性を感じ、受け入れていくことになり、するとさらに様々なクラブ、地域に集まってくる。そのことがクラブを、人を成長させていくと考えています」

製造や流通、サービスといった一般的な企業とは違い、湘南ベルマーレのようなスポーツビジネスは、よくも悪くもチームの成績や人気に左右される。つまり、チームの状況がよくなってチームのカラーが明確になって「湘南スタイル」が世に広まれば、営業にとっても強力な援護になるということだ。

「だから、チーム状況がつらい今は、営業が引っ張らなければいけない。コンセプトを共有して、なおかつそれを広げていく。そのときに必要なのは『歩き』しかないですね。私はもともと営業が大好きです。ですから、社長になってもやはり営業は大好きです。机に座って、というのは好きではありません（笑）」

「おせっかい」のススメ

自ら社員にあれこれ口出しはしない水谷だが、周囲の人のことをあまり気にしない社員が多いのでは、と感じることがあるそうだ。

例えば、電話で営業をしていた社員が「契約、取れませんでした」となったときに、「どうした？」とひと言声掛け合うことが重要ではないか。「こういう状況で、こうでした」と返ってくることで、「じゃあ、こうやって取り返そうよ」という話ができるのではないか、と言うのである。

「ですから皆に、『おせっかいになろうよ』という話をしています。新卒で入ったリクルート時代の経験です。今は存じ上げませんが、リクルートはとても『おせっかい』だった。営業から帰ってきた人間が『聞いてくれよ〜』という感じで声を出す。すると離れたところから、

『それは営業の仕方がまずいよ』という声がする。そんな会話が普通にありました。しかし今は、世間全般がそうなのかもしれませんが、インスタント全盛ですよね。そうではなくて、もっとネチネチとやっていいのではないでしょうか」

そのためにも、社員に自分のことを「社長」と呼ばせないようにしている。対外的には肩書は重要だが、社内的にはフランクなほうがよいという考えだ。

「その延長で、『○○へ行くんですが、水谷さん一緒に行きましょうよ』と言ってくる人間が増えてほしいですね。私というよりも、私の『社長』という肩書をもっと便利に使えばいいのにと思います。相手が小さなスポンサーでもかまわない。われわれを支援してくれていることには変わりはないので、積極的に会いに行って、酒でも飲んでということも、地域に根付いていくためには大事なことだと思います」

一般論として、会議で指示を出すことも大事だが、日常の会話の中で「○○の社長に子供が生まれたらしいよ」という話が伝わるといった、小さな情報のやり取りが大事だと水谷は考えている。規模の小さな会社であれば、電話の応対や名刺の渡し方などを一から教える余裕はないだろう。ならば気になったことは、たとえおせっかいと思われようとも言ってあげたほうがよいのではないか、とも言う。

「現場の社員と管理職との関係で言えば、状況が悪いときにこそ近くにいることが必要だと思います。いいときは放っておいてもかまわない。部長などの管理職が必要になるのは、不利な状況で外の人と戦わなければならないときです」

大きな会社なら他部署と戦うとき、とも言えるだろう。せっかく部内でまとめた意見や案を、部外に向けて強力に発信できる人でなければ管理職の意味はないということだ。

「ワールドカップの組織委員会で一緒に仕事をした人で、現在は大手商社のＩＴ戦略室室長をやっている人の話ですが、大きな会社になると部長、本部長、執行役員、取締役、常務、専務、社長と段階がたくさんありますね。ところが偉くなるにしたがって、皆どんどん内に向いて仕事することが多くなってしまうと言うんです。日本はそれでうまくいっているので、それでもいいのかもしれません。しかし、考えてみればもったいない話です。人脈を広げることはビジネスにおいても重要なことに違いないのに、内向きになっていると広がるはずがない。もっと外へ向かって広げていくべきなのです」

4 地域とともにスタイルを貫く

どうやって地元に密着するか

湘南スタイルは、「市民クラブである湘南ベルマーレのコンセプトとしてかなり根付いてきた」と水谷は言う。この先は、地域でいかに安定して成長していくかが課題だが、絶対につぶすわけにはいかないというプレッシャーもあり、チャレンジングなことには手を出せないというしがらみもあるようだ。

「新しいことを仕掛けないと無理だなという実感はあります。ユニフォームの胸のロゴのスポンサー料が収入として大きいのですが、親会社のあるビッグクラブとわれわれのそれでは、一桁違ってくる。スタジアムの収容人数は1万5000人ですが、これも頭打ちです。あとは何で稼げばいいのか。グッズ販売も、もともとの資産があればリスクを負っていろいろな仕掛けもできますが、その体力がないので展開が広がらない。だから、まったく違う観点でいくしかないなとは思っています」

もちろん、スポンサーの数を増やすことは基本だと言う。現在700社ほどだが、これを倍にしたい。しかしながら、仮に倍になってもJ1の平均にはまだ届かないという厳しい現実がある。

「それでも、やはりチームがＪ１に定着し、上位争いができるようになることがいちばんのセールスポイントであることは間違いありません。『夢と勇気と希望の感動空間を提供する』と言っていますが、Ｊ１にいると、ベルマーレサッカースクールの子供たちがユニフォームを着て試合を見に来て、とてもうれしそうにしています。Ｊ１なればこそ、相手チームにも有名選手がいるからです。極端な話、ベルマーレの選手の名前は知らなくても、相手チームにいる日本代表選手のことはよく知っている。これがＪ２だと、まず相手チームの選手のことがわからない。だからおもしろくない。それも現実です。Ｊ１は18チームありますから、有名選手はほとんどこの中にいることになりますからね。子供たちは、テレビで見たことのある有名選手がプレーしているところで自分もやりたいと思うものなのです。もちろん、我々の中から代表選手が生まれることが一番ですが」

地域に密着して、地元の後援を着実に増やしていくことがやはり大事だということだろう。そのために考えておかなければならないことがあると言う。

「社長を引き受けるにあたって、会長の眞壁（潔）に言ったのは、『皆さんが私を必要とするのであれば、やります。でも、やはり地元出身で、地元で商売をしている人が必要。若手でやってくれる人を探しておいてください』ということでした。私も平塚在住ですが、地元ではないので逃げることもできる。でも、地元で生まれ育って、ここで商売している人は逃げられない。眞壁会長もそういう人です。そんな人が体を張って取り組めば、やはりパワーが違うと思います。親企業がある場合はわかりませんが」

Jリーグでも立命館大学とコラボして、「Jリーグヒューマンキャピタル教育・研修コース」という、将来のプロスポーツ界の経営を担う人材を育てる事業もやっているが、そういうところで学んだ人がポンと平塚にやってきて社長になっても、絶対にうまくいかないと水谷は感じている。地場は地場の者でなければならないと言うのだ。

「小田原のフットサルチーム（湘南ベルマーレフットサルクラブ）の代表も続けているのですが、長らく後援してくれている地元企業の40歳くらいの社長さんにそこを引き受けてもらおうと口説いていたんです。けれども『今はとてもできない』と言う。そこで取締役として入ってもらった。すると、自分が当事者になる。一緒に営業に行っても『あなたに来られては手ぶらで帰せないじゃないですか』という話になる（笑）。地元ですからね。しかも3代4代と続いている会社だから、先方の父親や息子を知っている。地域でやっていくには、そういうことが絶対に必要だと思います。会長の眞壁は地元でも、ベルマーレにはそういう地縁のある者が少ない。だから、この地で代々続いている人は欲しいですね」

再びＪ１に這い上がるために

この本のために水谷に話を聞いたのは、２０１６年シーズンの最中。Ｊ１残留争いの真っただ中だった。しかし、残念ながら湘南ベルマーレは14年以来のＪ２降格となってシーズンを終えた。

今後、社長として湘南ベルマーレをどのように導いていくのか、水谷にあらためて尋ねてみた。

「やはり『理念』をぶれさせずに湘南スタイルを貫き通すことですね。そして、そんなサッカーをサポーターに披露し続けること。そして『夢と感動』を共有することです。ですから、たとえ試合に勝ってもサッカーのスタイルが違っていると拍手が少ないこともあります。それはとてもいいことなんです。選手やベンチにいるスタッフたちが『今がチャンスだ！』と思った瞬間に、まったく同じタイミングでサポーターが『ウワーッ！』と沸いて立ち上がる。そうなると場内の雰囲気が断然違ってきます。『楽しい！』と思えるものには金を払っても惜しくないと思ってもらえるはずです」

有力スポンサーをバックに持たない市民クラブの宿命とはいえ、有力選手が次々と引き抜かれてしまう現実が来シーズンもベルマーレにのしかかってくる。しかし、Ｕ－18日本代表監督に名前が挙がりながら、曺は監督として残ることになった。「湘南スタイル」の発案者である曺監督のもと、「エネルギーと走力」を武器にした戦いは続くのだ。

「『チーム状況がつらいときは営業が引っ張る』と言いましたが、今がまさにそのときです。２０１７シーズンのチームスローガンは『共走』であり、私や営業の現場も気持ちはもちろん同じ。営業も『湘南スタイル』なんだよ、ということですね。『ベルマーレの人が営業に来て、金を出してくれと言うんだけど、なんだか楽しかったな』と思ってもらえるスタイルを貫きたいものです」

ベルマーレ

〝ゲーム目線で組織を動かす人が頼られる〟

理屈は分かっていてもできない

組織を一つの方向に向けることは簡単なようで難しい。戦略学によれば、戦略とは明確なビジョン、そして目標により、「あそこに向かおう」と思わせることができることだという。

そのとおりだと思うが、そうそうできることではない。

それよりも、スポーツ活動を参考にしたほうがいい。

それは、スポーツを通して経営戦略を体験できるからだ。スポーツはゲームだ。研修を進めていて、何といっても評価がよいのは教育ゲームである。人を教えたことがある人ならば誰でも体験していることではないだろうか。

だから、仕事の中にゲームの要素を取り入れたら、面白い仕事となる可能性が大だ。

多くの会社で、新入社員が入ってきた5月・6月に行うものに、ソフトボール大会がある。

ガチガチに緊張している新入社員が、エラーをした上司に対して、「しっかりやりましょう」と言っても怒られることはない。この一言で上司と新人の距離は近くなる。

立場は逆転する。これがスポーツだ。

スポーツ感覚の目のつけ方

草野球の盛んな会社の採用担当者が言っていた。人を採用する時にどこのポジションが足りないからという目線で採用活動をすると、意外に当たる。それは、その組織に足りない人と足りないポジションが意外と一致しているからだと言う。

採用面接活動を見ていると、本当に優秀で必要な人材を短い時間で話してみて分かるのかということに疑問を感じる。一度の面接だけで確信できるのはおかしい。

不適切な人材は分かるだろうが、これは面接専任担当者でなくても分かることだ。だから、サードが足りない、ゴールキーパーが欲しい、のほうが現実的なのだ。

明るい職場には、ゲーム要素が多い。

営業の場面で、

「どうだ売れたか」

「いやチップでした」

「そうか、もう少しやるとタイミングが合ってくるかな」

「真で捕らえられるかもしれません」

「小さく振ることだよな」

〝あうん〟の呼吸での会話とはこのことを言う。

だから元気なスポーツチームはよく声が出るし、元気な職場もよく声をかけるのだ。

試合よりも仕事を優先する

ただスポーツの要素を仕事に持ち込むのはよいが、節度は必要だ。

企業内スポーツをしている人（上手い・下手は問わない）によく言うのは、「明日試合があるにしても、今お客様の接待があるならば、それを優先して欲しい」ということだ。

こんなことがあった。野球が終わった後で、「明日の試合、頑張ろう」と言ったら、誰かが小さな声で「相手チームは3日前から仕事を休んで練習しているんだ」と言った。その瞬間、何とも言えない嫌な雰囲気が漂ってしまった。

チームを一つの方向に向けようとしているのに、何気ない一言がそれを壊してしまったのだ。

岩手県釜石市はラグビーの町だ。ここは、新日鉄釜石が全日本ラグビー選手権で7連覇（1978年～1984年）をしたことで知られている。今でも、新日鉄のラグビーは地元の人に愛されている。

なぜそうなのかと地元の人に聞くと、地元の人と一体感があったという。

それは東北出身者が多かったということではない。新日鉄釜石ラグビー部のグランドや宿舎は質素なものだった。それでも彼らは勝つことにこだわった。最後の7連覇の年は、大幅な人口減の中で勝ち続けることが釜石市民の光でもあった。彼らは、昼間は仕事をし、夜は練習をした。グランド整備も自分たちで行った。

これが今日においても釜石市民がラグビーを愛する源泉となっているようだ。

2019年ラグビーワールドカップの会場に釜石が決定した。

世間では、北日本大震災のお陰と思っている節があるが、決してそれだけではない。実はその根底には釜石の人たちのラグビーに対する熱い思いがあることを忘れてはならない。

余裕をもつということは

仕事は、本来の仕事と余裕により成り立っている。仕事の合間に行う会議やミーティングは余裕と言われるものだ。もし会議やミーティングができなければ、仕事はスムーズに進まなくなってしまう。

余裕とは、仕事の効率を高めるためのものであり、暇とはまったく別のものである。仕事の潤滑油であり、余裕のある人とはこの潤滑油を持っている人のことを指す。

もう少し広く見るのであれば、旅行やスポーツができることにより、仕事の幅は広がってくる。

これが、仕事の余裕となる。

湘南ベルマーレは、勝つためだけに練習をしていればよいという発想ではない。地域社会、少年少女たちと共に歩む余裕があって、チームとして成り立つという鮮明な意識と共にあるのではないだろうか。

考えてみれば、社員の採用をするのに、スポーツのポジションなどに引っかけて行うのは本末転倒とも言える。

しかし、その余裕が組織を動かし、人を豊かにすることも忘れてはならないだろう。

当然のことではあるが、プロとアマの差は金銭が絡むことにある。勝つことは大切だが、極端な言い方をすれば、それは手段でしかない。さらに、収益を上げることにより、資産を蓄積することにある。

熱い思いあっての経営

資産がないところには、人・物・金の経営資源を呼び込むことはできない。このことを理解し、実践できる人材が仕事を任せたくなる人である。

巧みな経営は収益を高めることができる。この現実を受け入れられる人が経営リーダーとなれる人だ。

では経営リーダーは、専門の経営者・管理者であればよいではないかということになる。しかし、ここで大切なのは人々に夢を与える職業であることだ。そのためには、チームや人に対する熱い思いがなくてはならない。

単にチーム組織の運営を機能として割り切るだけでなく、勝つことや収益を求めながらも熱い思いをもち続けられる人材がチーム運営には求められるのである。

第4章

仕事を任せてみたくなる人になるために

紙一重の違い

この人なら！　と仕事を任せてみたくなる人と、そうでない人の違いは、紙一重でしかない。その一枚の紙のために、何となく不本意な時を過ごしてしまうことになるのを残念に感じる。同じ仕事をするなら、

「やってくれないか」

「頼むよ」

「お願いするよ」

という一言と共にスタートすることがベターだ。

本書で示した5つの特性・13の行動は、誰でも可能性があるだけでなく、潜在的にはもっている力だ。

だから、可能性は全ての人にあるのに、そう思っていない人が多いのに驚く。

他人のほうが自分の特性について知っている可能性が高い。それは、他人と話しているときに、何となく指摘してくれるようなことだったりする。

だから、人の意見はよく聴くことだ。

仕事を任せられる人

経営リーダーは、自ら進んでなったというよりも、気がついたらなっていたという人が多い。

同族会社の後継社長と言われる人たちと話してみて面白いのは、多くの人が自ら進んで後継者の道を選んだわけではないということだ。

ほとんどの人が「跡を継ぎたくなかった」、「どうして自分が」と思ったそうだ。そして気がついたら、後継社長になっていたという。

こう言うと、それは恵まれた環境にあるからそういうことを言うのだと思うかもしれないが、実はそうでもない。

事実、後継社長に聞いてみると、社長にならなければ自分には別の人生があったという人が圧倒的に多い。しかし、後継社長の道を選んだこと自体を否定する人は少ない。それは、経営リーダーとして、少なくとも組織を存続させてきたという自負があるからではないだろうか。

ここで注目してもらいたいのは、後継社長に限らず、経営リーダーと言われる人は、経営リーダーになる前には仕事を任せられる人であった、という事実である。

仕事を任せられているうちに、リーダーになったのだ。つまり、仕事を任されなければ、経営リーダーにはならなかったのかもしれない。

何か一つが優れている

経営リーダーと言われる人と会ってつくづく思うのは、完璧な人は少ないという事実だ。それよりも何か一つに優れている。言葉を変えるならば、一芸はあるということだ。

では一芸とは何か。

それは、仕組みやシステムを作り、動かせるということだ。

もちろん情熱があることが前提となるが、経営リーダーとして人を動かすためには、仕組みやシステムを作って、それを通して人を動かすことが必要だ。

例えば、商社の営業力を必要とする組織で、営業経験がない人が経営リーダーになると、営業については誰かに頼らなければならない。自分の欠点を知っている経営リーダーは、その部分については人に頼ろうとする。

だから、経営リーダーは、平気で次の言葉を使う。

「私は営業は素人ですから」

「私はお客様は知らないから」と。

この言葉の背景には、経営リーダーの自信がある。

人は本当に弱ければ弱いとは言いにくいものだ。それが言える経営リーダーの組織は成長する。

それが言えない経営リーダーの組織は、そのまま終わることになる。

つまり、バランス感覚が良いことが重要なのだ。

組織にしがみつかない

組織はしがみつくものではない。よく見ていると、組織があるからこの人は大きな立ち振る舞いができるのだと見えてしまう人が多い。

ファッション関係の社長が言っていた。「ブランドは常につくるものであり、頼るものではない」つい組織の規模が大きくなったり、安定してくると、それに頼り、しがみつきたくなるのは人の習性かもしれない。

組織を支える人材が欲しいと経営リーダーがよく口にする。しかし、誰が組織を支えているかはよく見えないところがある。逆に、組織にしがみついているひとはよく分かる。

それは、態度が大柄であったり、相手にそこまで言ってよいのかということを口にするからだ。自分を大きく見せることは、仕事を進める上では効果がある。それと、組織にしがみつくとは別のものなのだ。

経営リーダーは、これが分かっている人であるから、組織にしがみつく人を嫌う傾向がある。それよりも、組織から頼られる人材を求めているのである。

仕事を任され、経営リーダーになるために

222ページに経営リーダーに仕事を任されたり、経営リーダーになるためのチェックリストを添付した。

これは、5つの特性、13の行動に合わせて、20項目をよくある出来事に合わせて用意したものだ。

8項目以下は、　一般社員
8～13項目は、　課長レベル
14～16項目は、　部長レベル
17項目～は、　役員レベル

チェックが終わったら、日々の生活や仕事の中で意識して考えたり、行動してみることだ。そこでは難しい経理や人事知識などはあまり必要ない。

まずは、必要な特性や心構えを理解して、足りなければ、人を頼ればよいのだ。

そして、自分で「はい」と答えられなかった考えや行動を意識すれば、もう一度本書を読むことによって、しばらく経つと「いいえ」から「はい」に変わってくるはずだ。

どうしても「仕事を任せてみたくなる人は真面目で素晴らしい」というイメージをもつかもしれないが、普通の人と変わらない人なのだ。ただ、意識するかしないかは別にして、5つの特性が身についた人だ。

次は、13の行動に合わせた動きを仕事の中でしてみてもらいたい。

これを繰り返して欲しい。そうすることにより、行動は少しずつ身についてくる。

完璧である必要はない。

どこか一つくらい抜けているほうが、人が支えてくれると思ったほうがよい。

まずは、回りの人たちと一緒に動いてみることだ。

そして、任せられる人から経営リーダーへと飛躍することを期待している。

「仕事を任せてみたくなる人」のチェックシート

		はい	いいえ
1	仕事を引き受けるとき、手順を想定・組み立てて引き受けている		
2	組織・仕事のメンバーでは、誰がキーマンか見極めている		
3	仕事が一区切りしそうなとき、全体の流れをつかみ、次の仕事に結びつけている		
4	組織のしかけについて、必要なものを提言したり、工夫するようにしている		
5	難しい仕事を任されたときは、チャンスと思い、引き受けるようにしている		
6	難しいことを説明するときは、専門用語を使わず、相手に合わせて話すようにしている		
7	相手が意見を受け入れてもらえそうもないときは、相手の理解度を聞くようにしている		
8	仕事の達成が難しそうなときは、諦めないで、考えるようにしている		
9	人が思うように動かないとき、動くまでやってみる		
10	上司の指示を聞くとき、話している背景を考えるようにしている		
11	人に対する接し方は、上下の差をつけず接するようにしている		
12	組織に疑問を感じたときは、組織を変えようとする		
13	問題が発生したときに、何をしたらよいかが頭に浮かぶ		
14	仕事が忙しいと感じたとき、やるべき仕事とそうでないものを見極めている		
15	仕事と実績の関係について、将来に役立つ成果を残そうとしている		
16	支援をしてもらう人に対して、その人にとってのメリットを与えるようにしている		
17	上司に意見を聞かれたときは、どうあるべきかを考えて答えるようにしている		
18	与えられた仕事が一区切りしたら、協力してくれた人に対しては、結果を整理して、伝えるようにしている		
19	初対面の人に対して素直に自分の意見を言っている		
20	組織の雰囲気がおかしいと感じたときは、見逃さないで変えようとしている		

著者略歴

平松 陽一（ひらまつ よういち）

玉川大学工学部経営工学科卒業、組織コンサルティング活動を経て、1983 年、IM コンサルタント代表となる。
30 冊以上の著書、数多くの講演実績があり、30 年以上にわたって人材育成を中心に同行営業などで成果を上げるなど、地に足をつけたコンサルティングを一筋に活動している。
講演内容は理論だけを教えるのではなく、現場で即使える知識、行動などを講義するため、「実務ですぐに役立つ」と評判がよい。

【著書】

『一生懸命売ろうとするから売れない』、『売れないときの売れる営業』、『「でっかい仕事」をやってみないか』（共著）『新規開拓営業が企業を救う』、『生き延びる企業の組織存続力』（共著）（以上、産業能率大学出版部）
『「同行営業」7日間トレーニング』（同文舘出版）
『営業部長のつくり方』（KK ロングセラーズ）
『これなら面白いほど「営業マン」が育つ！』（すばる舎）
『教育研修の効果測定と評価のしかた』（日興企画）
『この老舗に学べ！』（フォレスト出版）
等、多数ある。
★ http://www.imconsultant.co.jp/

仕事を任せたくなる人の条件
～社長から見た特性と行動～

〈検印廃止〉

著　者　平松 陽一
発行者　飯島 聡也
発行所　産業能率大学出版部
東京都世田谷区等々力 6-39-15　〒158-8630
（電話）03（6432）2536
（FAX）03（6432）2537
（URL）http://www.sannopub.co.jp/
（振替口座）00100-2-112912

2017年 10月31日　初版 1 刷発行

印刷所／渡辺印刷　製本所／渡辺印刷

（落丁・乱丁はお取り替えいたします）　ISBN 978-4-382-05750-0